JN111156

JLA
図書館実践シリーズ 45

地域資料サービス
の展開

蛭田廣一 編

Japan Library Association

日本図書館協会

Local Colletion Service in Action

(JLA Monograph Series for Library Practitioners ; 45)

地域資料サービスの展開 ／ 蛭田廣一編. ― 東京 ： 日本図書館協会,
2021. ― 240p ； 19cm. ― （JLA 図書館実践シリーズ ； 45）. ―
ISBN978-4-8204-2110-8

tl. チイキ シリョウ サービス ノ テンカイ al. ヒルタ, ヒロカズ
sl. 郷土資料 ① 014.72

まえがき

　筆者は 2 年前に『地域資料サービスの実践』を刊行したことを契機に，2020 年 9 月の福井県立図書館での研修会では「地域を元気にする地域資料」というテーマで話をした。そこで取り上げたのは，地域課題の実践で頑張り活躍している図書館がさまざまな資料によって紹介されていることで，次のような資料である。

・猪谷千香『つながる図書館』（ちくま新書）筑摩書房，2014
　　ここでは，「公共図書館は地域を支える情報拠点としての施設にシフトし，また，まちづくりの中核に図書館を据える自治体も登場している」と書かれており，まさにそれが実感できる図書館活動が紹介されている。

・岡本真『未来の図書館，はじめませんか？』青弓社，2014
　　これも多くの人が目を通していると思われるが，市民と行政，図書館員が協働して，図書館の魅力を引き出す方法や，発信型図書館をつくるためのアイディアを提言している。

・青柳英治編著『ささえあう図書館』勉誠出版，2016
　　これは市民と図書館が相互に支え合う実例を紹介し，図書館の果たす役割，図書館と市民，利用者のあり方や今後の関係を考える本になっている。

・岡本真・ふじたまさえ『図書館 100 連発』青弓社，2017
　　これには，多様な創意工夫が紹介され，それらのいくつかは筆者の勤務先である東京・小平市立図書館でも取り入れ，実践している。みなさんも触発を受け，図書館活動の実践につなげて

いることと推測する。

・谷一文子『これからの図書館』平凡社，2019

　ここには，目新しいサービスを展開し，注目に値する図書館がどんどん増えていることが示されている。

　これらの事例を見ると，まさに図書館が元気になってきていると感じる。しかも，そのサービスの中心となり，あるいは図書館活動の一つの柱として注目すべきは，地域資料活動だと改めて実感する。地域資料サービスが充実することによって，地域課題の解決にもつながり，地域のニーズに応じた図書館サービスにもつながっていると思われる。

　次に，地域資料活動に絞り，近年の実践事例と動向について触れてみたい。

・福島幸宏「図書館機能の再定置」『LRG』第 31 号，2020

　ここに福島氏が「図書館機能の再定置」という巻頭論文を載せ，「図書館は今後デジタルリソースと地域資料に注力する必要がある」と明記している。デジタル化の流れと地域資料は密接に結びついており，デジタル化される主な資料として地域資料が取り上げられることが多いことを示し，これからの地域資料サービスのあり方を位置づけている。

・大阪市立図書館の「思い出のこし事業」『LRG』第 31 号，2020

　これは滋賀県愛知川町の「町のこしカード」を下敷きに，大阪に対する市民の思いを記録してもらい，それを図書館でファイルして発信していく市民参加型の事業である。

　このように地域資料は図書館活動を活性化し，デジタルリソースとしても注目されている。そこで，『地域資料サービスの実践』で紹介しきれなかった全国の図書館における地域資料サービスの実態を明らかにすることを目的に，本書を上梓することにした。

また，「経済財政運営と改革の基本方針　2021」の第2章3節(4) に「観光・インバウンドの再生」が掲げられ，国策として「デジタル技術も活用した観光資源の磨き上げ，（中略）等の地方展開を進める」としている。このことから，図書館でも観光情報の必要性が高まり，本書の事例も活用されるものと思われる。そこで，小平市の事例を紹介させていただいて導入としたい。

　小平市は有名な観光都市ではない。市議会議員の要望もあって観光まちづくり協会という外部団体を立ち上げ活動を始めたが，十分な人手があるわけではない。そこで，ボランティアを募って観光ボランティアを養成した。

　観光ボランティアの人たちには何よりも，小平市に関する情報が必要である。小平市について知るために図書館にやってきて，地域のことを勉強し，深く広く掘り下げて，勉強した成果を資料として作成し，観光協会で配布している。資料作成の段階で事実確認が必要になり，たびたび図書館を訪れて数多くのレファレンス相談をする。また，観光ガイドとして市内を案内したときに新たな疑問が沸き，地域資料とレファレンスを求めて何度もやってくる。こうして小平市観光ボランティアの人たちは豊かな情報と知識を身につけ，興味深い話を提供してくれるということで，近隣の観光案内より面白いと評判になり，大勢の人が観光ガイドツアーに集まるようになっている。観光ボランティアの人たちは地域の魅力を発信し，豊かな知識を売りにするという意味で，日ごろから地域資料と地域情報の集積に余念がない。このように図書館はまちの観光にも地域資料やレファレンスを通して密接につながり貢献できると確信する。

2021年9月

蛭田　廣一

目次

目次

0章 序論

0.1 はじめに

2019年8月に『地域資料サービスの実践』[1]を刊行して2年目を迎えた。

この本は小平市立図書館の実践事例を中心に紹介したもので、20年前に三多摩郷土資料研究会が編集・出版した『地域資料入門』[2]の改訂版を意図したものである。

20年ぶりの地域資料に関する概説書ということもあって、『図書館雑誌』[3]や『みんなの図書館』[4]に書評が掲載され、『LRG』第31号[5]や『図書館界』[6]でも地域資料がテーマとして取り上げられるなど地域資料に対する関心が寄せられた。

また、2020年は1月に東京都多摩地域図書館大会、3月に三重県公共図書館司書部会北勢地区研修会（桑名市立中央図書館）、9月に福島県図書館・公民館図書室職員等専門研修会、10月に宮崎県立図書館研修会と東海北陸地区公共図書館研究集会（福井県立図書館）、11月に図書館地区別（北日本）研修（秋田県生涯学習センター）と6回におよぶ地域資料の講演をさせていただいた。このほかにも、新型コロナウイルス感染症の影響で実施できなかったが、沖縄県での研修会が予定されていた。

これらの研修会の中で、10月に開催された東海北陸地区

公共図書館研究集会については報告書が刊行されている[7]。この研究集会では桑名市立中央図書館と福井県の実践事例が報告され，その地域資料サービスの多彩さと充実度およびデジタル化の進捗状況を痛切に感じた。地域資料の実践事例については，すでに『公立図書館における地域資料サービスに関する報告書』[8]に12件が紹介されていて，多くの先進事例を知ることができる。しかし，福井県での研究集会に参加して実感したのは，地域資料サービスは多様な展開を見せており，十分に紹介されていないということである。未紹介の実践事例に存在する地域資料サービスの豊かさと新たな取り組みを拾い上げ紹介してこそ，地域資料の展開が開けると確信するに至った。

　そこで，地域資料の研究者でもある根本彰氏に相談し，本著『地域資料サービスの展開』の企画を進めることにしたのである。

0.2 目的と内容構成

(1) 目的

　『地域資料サービスの実践』（JLA図書館実践シリーズ41）は，小平市立図書館の実践事例を中心に執筆した。また，『公立図書館における地域資料サービスに関する報告書』には12件の事例紹介がある。

　このように，地域資料サービスは公立図書館の基本的なサービスの一つとして全国的に実施され，充実したサービスを展開している。そこで，『公立図書館における地域資料サービスに関する報告書』に未収録の実践事例を紹介し，地域資

2

料のコレクションの形成，サービスの展開，利用促進とデジタルアーカイブ，今後の課題と展望等について検証する。

(2) 内容構成

　北海道から沖縄県までの全国の事例を幅広く紹介するとともに，『地域資料サービスの実践』で紹介した地域資料サービスの先進事例である秋田県と岡山県の現場からの報告は欠かせないと考えた。そして，2020年度の研修会を契機に知りえた事例を中心に組み立てることによって，現実感と斬新性を担保することとした。

　先述したように福井県での研究集会から動き出した本企画は，秋田県での地区別研修を経て全容が固まった。この地区別研修で嶋田学氏等と懇談の場を得たことによって，瀬戸内市の多彩な事例を報告してもらえることになったのである。そこで，8件の報告となった。

　序論，そして，1章から5章を市町立図書館の展開として置戸町・調布市・桑名市・瀬戸内市・都城市の報告，次に，6章から8章を県立図書館の展開として秋田県・岡山県・沖縄県の報告とした。

0.3 市町立図書館の展開

　市町立図書館の報告は，地域的な違いだけでなく開館年や人口規模の違いも多く，サービスの内容も多様なものとなった。

　地域と開館年，人口をみると，置戸町は北海道で1953年開館，人口2,800人，調布市は東京都で1966年開館，人口

23万8千人，桑名市は三重県で1951年開館，人口14万人，瀬戸内市は岡山県で2016年開館，人口3万7千人，都城市は宮崎県で2018年開館，人口16万3千人である。

次に，サービスの内容と特色を個別に紹介する。

(1)　置戸町図書館の展開とデジタルアーカイブ

置戸町は北海道旧網走支庁管内にあり，人口3千人弱の町であるが，1976年から5年間，住民1人当たりの貸出冊数全国一を記録した図書館として有名で，その実績は『まちの図書館』[9]でも紹介されている。また，1985年に日本図書館協会功労賞を，2006年には日本図書館協会建築賞を受賞していて，図書館活動や施設の面でも高く評価されている。

地域資料サービスについてはあまり知られていないが，現在の地域資料の所蔵数は，未整理の1,500冊を加えると7,000冊弱となり，1970年には郷土研究会が設置され，図書館に郷土資料室が置かれている。このことは，『まちの図書館』に記載がある「置戸町立図書館平面図」[10]でも確認でき，図書館の左端に「郷土資料」の書架が記されている。また，この郷土研究会の協力によって，昔の人々の暮らしを音声収録し文書化する事業が実施され，2016年に『語りつぐ歴史と証言』（全5巻）が刊行されている。

本報告の中心になる「置戸町郷土資料等デジタル化事業」は，図書館振興財団の助成により2017年度から3年間に実施された事業である。対象とした資料は図書館所蔵の写真・映像・音声資料，および郷土資料館・森林工芸館所蔵資料と地元新聞『置戸タイムス』で，デジタル化した資料はインターネットで公開するとともに館内で閲覧できる。

(2) 調布市立図書館の展開

　調布市は東京都多摩地域にあり，同じ地域にある小平市と比較して人口・開館年・蔵書数とも上回る。また，『買物籠をさげて図書館へ』[11]等で図書館活動が紹介され，多摩地域でも活発な事業展開をしている図書館として知られている。

　本報告は『地域資料サービスの実践』を念頭に同館が取り組む地域資料サービスについて網羅的に報告するとともに，地域資料収集方針・分類表等の資料も掲載しているので，小平市のサービスとも比較できる。そして何よりも，多摩地域で地域資料サービスに力を入れているのは小平市や調布市だけでなく，数多くの図書館が同様のサービスに取り組んでいることを強調したい。

　調布市の特色を挙げると，まず，地域情報の提供として「地域を知る地図」や「まちの施設ガイド」の作成がある。そして，何よりも担当職員2人を配置して実施している映画資料と水木しげる氏関連資料が出色である。また，資料提供の方法と工夫に示されている地域資料連絡会は，図書館・博物館・総務課・産業振興課が連携して年10回程度実施している素晴らしい連携事業である。

　自館作成資料としては，「子どものための調布市の歴史」，「子どものための調布のむかしばなし」といった子ども向けの資料作成があり，デジタルアーカイブでは，市民との協同事業として展開している「市民の手によるまちの資料情報館」がある。

(3) 桑名市立中央図書館の展開－地域と紡ぐ地域資料

　三重県桑名市は中世には港町として栄え，近世には桑名藩

の城下町として知られる歴史ある街で，1951 年に図書館が開設されている。しかし，1959 年の伊勢湾台風で多くの蔵書が流失する被害に見舞われ，2004 年に現在の中央図書館が日本で最初の PFI による図書館として開館した。戦災や台風被害に見舞われて多くの資料が失われたものの，江戸時代からの貴重な資料を所蔵している。

PFI による運営のため地域資料サービスについても業務分担が行われている。市が主管するのは資料収集方針の策定，資料調査，寄贈資料の選定，連携事業，講座の開催，広報活動，刊行物の発行等であり，窓口業務・発注・登録等の実務は事業者が担っている。こうした事情もあって，本報告はコレクションや発行資料の紹介と展示会と連携事業に重点が置かれている。

ユニークな事業としては，古写真展の開催時に地域住民の来場者の協力を得て実施する聞き取り事業がある。こうした成果を活用して実施している「昭和の記憶」収集資料展は貴重な実績となっている。また，地域の団体や企業と連携した展示会も地域資料への理解を広める機会になり，貴重な資料の発掘と収集および発行につながっている。

(4) 瀬戸内市立図書館の展開

瀬戸内市は 2004 年に 3 町が合併して誕生した自治体で，岡山県内有数の国指定文化財の宝庫である。このような事情を背景に既存の郷土資料館の敷地に図書館が新設されることになり，2016 年に瀬戸内市民図書館が開館している。このことから郷土資料館の博物資料を継承し，図書館資料とあわせて事業展開が進められ，「図書館内に郷土資料展示を融合

させることで，現物資料と図書館資料を関連付けて展示する」という方針が示されている。

　図書館から文書館や博物館が機能分化して独立するケースがある一方で，瀬戸内市のように近年は施設の併合も進んでいる。本報告は，このような特色から，企画展示とデジタルアーカイブおよび市民協働を中心とした内容となっている。

　広報課の写真をグーグルマップの地図と連動させた「みんなでつくる　せとうちデジタルフォトマップ」や，指定文化財のデータ「せとうち・ふるさとアーカイブ」，市民団体が制作した「瀬戸内何でも動画情報」等がデジタルアーカイブとして公開されている。

　また，図書館友の会との補助金を活用した協働事業として「瀬戸内市　ふるさとかるた」や『瀬戸内市の常夜燈めぐり』の制作が行われている。

　本報告者の嶋田学氏は，前に紹介した『図書館界』の特集記事「公共図書館における地域資料に関わるサービスの意義と今後の方向について」で，「地域資料サービスは，単に郷土資料や行政資料が持つ文化財的な価値や歴史的意義のために行われるのではなく，極めて今日的な視点による将来展望へとつながっていくところに，その意義が存在する」[12]としている。瀬戸内市の展開は，まさにこうした理念に裏づけられたものと言える。

(5)　都城市立図書館の展開

　宮崎県都城市立図書館は，2018年度のグッドデザイン賞を受賞した，デザイン性に優れた図書館である。ショッピングモールを市立図書館に転用・再生し，地域編集局，新しい

検索機構，各種スタジオを備えた新たな地域自治の拠点ともなっている。

　実際に訪問して，街の中心街に位置した噂に違わぬデザインと機能性を兼ね備えた図書館であることを実感した。それにも増して地域資料が充実し，行政資料も整っており，早くから積極的な取り組みを行っていることについて教えられ深い感銘を覚えた。

　このような経過で執筆を依頼したが，書き上がった原稿を読んで本企画に都城市を加えたことの意義を改めて考えさせられた。それは，表面的な印象では把握しきれない地域資料の貴重資料としての魅力であり，地域資料サービスにかかわる担当者としての本質的な課題と悩みを浮き彫りにしてくれたことにある。

　『公立図書館における地域資料サービスに関する実態調査報告書』の「印刷資料の登録状況（市区町村）」にあるように [13]，いくつかの図書館で未登録資料が存在することはわかっているが，その実態はあまり知られていない。本報告はその実態に切り込み，その中に貴重な地域資料が存在することを明確にし，その組織化と活用の方向性を強く打ち出していることに共感し，励まされる図書館も少なくないはずである。

0.4 県立図書館の展開

　県立図書館の報告は，設立はいずれも明治時代ということで取り組みが早いと言えるが，蔵書数および地理的にも歴史的経過の点でも違いがあり，興味深い相違をみせている。

　設立年と蔵書数は秋田県が 1895 年，13 万 7 千冊，岡山県

が 1906 年, 15 万冊, 沖縄県が 1910 年, 32 万冊である。

　最も大きな相違は歴史的経過で, 秋田県は資料の疎開によって創立以来の資料がほぼ無傷で残っている。これに対し, 岡山県は空襲で蔵書が焼失し, 沖縄県は琉球王府関係資料が関東大震災で焼失し, 郷土資料は戦災で焼失するという二重の大災害に見舞われ壊滅的な打撃を被っている。しかし, いずれの図書館も郷土資料に対する思いは強く, 意欲的に資料収集に取り組み, 素晴らしいコレクションを形成している。

　これらのコレクションとサービスの内容および特色を, 個別に紹介する。

(1) 秋田県立図書館の展開

　秋田県は, 明治期以来の経過と現在の地域資料の収集とに大きく二つに分けて報告している。そして, 調布市と同様に資料収集要領や分類表を掲載しているので, 市立図書館との対比が可能である。

　創立期のことでは, 『地域資料サービスの実践』で取り上げた佐野友三郎の実績を述べるとともに, 実質的に郷土資料の基礎を築いたと言える吉村定吉の業績を紹介している。その後の経過も適切にまとめられていて, 秋田県立図書館の歴史の概要を知ることができる。

　地域資料サービスを考えるうえで最も大きな出来事は, 現在の新図書館への移転に伴い公文書館が設置され, 秋田藩の古文書・古記録や絵図類約 45,000 点が公文書館に移管されたことである。また, その後文学資料館が開館して約 85,000 点が所蔵されている。

　秋田県立図書館の事業の中で特に注目されるのは, デジタ

ルアーカイブの構築である。図書館をはじめ県立の7機関の61万件に及ぶデータを一括して登録し公開し，その管理・運営は図書館が統括している。

このように，「地域資料が当館の蔵書の核たり得ているのは，時代ごとに地域資料のあり方を考え，常に新たな事業に取り組んできた歴代の職員たちの仕事の成果だ」と本報告者が述べているように，地域資料が蔵書の核になる時代を迎えていることを考えると感慨深いものがある。

(2) 岡山県立図書館の展開

岡山県は，電子図書館システム「デジタル岡山大百科」に重点を置いて報告している。

資料の収集範囲は古代吉備文化圏と関連地域としているのが特徴であり，県内発行および出身・在住・在職者の出版物も対象としている。また，行政資料は，県の関連機関および県内の自治体に毎年依頼文書を発送して積極的に収集に努めている。特に県の行政資料の悉皆収集の達成と，保存体制のバックアップが県立図書館の務めと自負している。

このように地域資料を積極的に収集・保存する中で，資料の広報と利用を促進するために実施しているのが企画展示であり，刊行情報リストの提供や児童向けの「おかやまクイズ」の実施であり，「デジタル岡山大百科」の事業である。

岡山県が全国に先駆けて整備した，情報通信基盤「岡山情報ハイウェイ」を有効利用するためにシステム構築された「郷土情報ネットワーク」は，2001年に公開された。そして，2004年の新県立図書館の開館に合わせて「デジタル岡山大百科」が稼働している。

資料のデジタル化にあたっては，スキャン作業にボランティアを導入し，中学・高校・大学生の図書館実習生にデジタル化を体験してもらう取り組みも実施している。また，県内の図書館・学校・行政機関・企業との連携によってコンテンツの拡充を図っている。この結果，「カバヤ児童文庫」，「池田家文庫絵図」，「チャレンジ☆デジタルビデオ」，「デジタル岡山グランプリ」，「岡山県立図書館子どもナレーター」等の事業を展開し，県民参加型の事業も進んでいる。

(3)　沖縄県立図書館の展開

　沖縄県は，図書館および地域資料の概要と，移民資料の収集とルーツ調査支援事業の二つについて報告している。

　沖縄県立図書館は 1910 年の開館以来，琉球・沖縄関係資料の収集に努め，「郷土研究資料は，今や書架に堆積充満し内外の書籍資料等殆ど網羅し尽すに至り」と言えるほど沖縄研究の拠点となっていたが，戦災によって灰燼に帰した。また，琉球王府関係資料等は内務省に移管されていたため，関東大震災によって焼失の憂き目に遭うという苦難に見舞われている。

　このような惨状にもかかわらず，沖縄関係資料の複製や再収集等を進め，現在も地域資料の収集に積極的に取り組んでいる。また，7 つの文庫をはじめとした寄贈資料等によって，重要文化財に指定されている『琉球国之図』のような貴重資料も存在する。この結果，約 32 万冊の地域資料を所蔵するに至っている。

　沖縄県では 1900 年からハワイ，ブラジル，ペルーなどへ多くの移民が行われ，1940 年までに県民の約 10 人に 1 人が移

民するという特異な状況を呈している。また，戦後もブラジル，アルゼンチン，ボリビアなどへ集団移住が行われている。

このような状況を背景に，世界中の県系人が沖縄に集う「世界のウチナーンチュ大会」が開催され，県立図書館では「移民一世ルーツ調査」を実施している。この調査に欠かせないのが地域資料であり，2017年の地方創生レファレンス大賞で文部科学大臣賞を受賞している。この事業の反響は強く，2018年の新館移転を契機に，郷土資料室に「移民資料コーナー」を設置し，常設展を行うなど図書館事業の柱となっていることがうかがえる。

0.5 あとがき

2020年から世界中で新型コロナウイルス感染症が流行し，緊急事態宣言やまん延防止等重点措置が幾度となく出されている。このような事態を受けて図書館でも臨時休館や利用制限が実施され，前代未聞の対策に追われている。それでも市民の資料要求の要望は強く，いやこういうときだからこそ情報が必要とされ，"三密"や感染予防対策の徹底を図りながら，図書館における資料・情報提供の努力は続けられている。しかし，多くの研修が中止され研修の機会が限られる中で，「はじめに」で紹介したように地域資料の研修会を開催することができ，重要な気づきが得られ，本企画を進めることができた。

これはひとえに執筆を引き受けていただいた皆様の尽力と，所属する機関の理解と支援の賜物である。本企画の執筆期間は，新型コロナウイルス感染症の影響により図書館の現

場は混乱を極め，年度末の多忙な時期とも重なったため，皆様には多大な苦労と迷惑をおかけした。それにもかかわらず，企画の趣旨に賛同いただきご執筆いただいたことに心から感謝申し上げる。

注

1) 蛭田廣一『地域資料サービスの実践』（JLA 図書館実践シリーズ 41）日本図書館協会，2019
2) 三多摩郷土資料研究会編『地域資料入門』（図書館員選書 14）日本図書館協会，1999
3) 根本彰「図書館員の本棚」『図書館雑誌』114(1)，日本図書館協会，2020.1
4) 藤巻幸子「ほん - 本 -Book」『みんなの図書館』510,図書館問題研究会，2019.10
5) 『LRG』第 31 号，アカデミック・リソース・ガイド，2020.6 に「図書館から Library へ」という特集があり,地域資料をテーマとしている。
6) 『図書館界』71(6)（日本図書館研究会，2020.3）に「公立図書館における地域資料に関わるサービスの意義と今後の展望」が特集されている。
7) 『東海北陸地区公共図書館研究集会報告書　令和 2 年度』福井県立図書館，2021
8) 『公立図書館における地域資料サービスに関する報告書　2017 年度』全国公共図書館協議会，2018
9) 図書館問題研究会編著『まちの図書館−北海道のある自治体の実践』日本図書館協会，1981
10) 9) p.32
11) 萩原祥三『買物籠をさげて図書館へ』創林社，1979
12) 嶋田学「公共図書館における地域資料に関わるサービスの意義と今後の方向について」『図書館界』71(6)，日本図書館研究会，2020.3，p.314
13) 『公共図書館における地域資料サービスに関する実態調査報告書』全国公共図書館協議会，2017

1章 置戸町立図書館の資料と デジタルアーカイブ

1.1 はじめに

　置戸町は，北海道のオホーツク海から大雪山系に挟まれた
オホーツク管内（旧・網走支庁管内）の最西端の森林に位置す
る人口 2,800 人ほどの「緑と清流」の町である。

　北海道の中でも比較的降雪は少ないが，冬の最低気温はマ
イナス 20 度を超えることも多い厳寒地である。主な産業は，
農業，林産業であるが，林業は構造不況により大きく減少し
ている。

1.2 置戸町立図書館の概要

　現在の図書館は，2005（平成 17）年 1 月 18 日開館で，1949
（昭和 24）年に公民館図書室として開設されてから 4 代目の
施設である。図書館の床面積は，1,397.62㎡，うち開架スペー
ス 655.18 ㎡ に 90,203 冊，準 開 架 ス ペ ー ス 117.85 ㎡ に
31,953 冊，合計 122,156 冊の蔵書と，雑誌は別に 5,627 冊を
所蔵している。

　図書購入費は，令和 2 年度 850 万円，そのほかに雑誌・新
聞等に約 100 万円の予算措置がされ，年間約 5,000 冊の購入
（雑誌を除く）および除籍を行っている。

蔵書分野の主な構成比は，児童書・絵本が29.5％，文学が23.2％である。また，約2,000冊を積めるブックモビル「やまびこ号」(5代目)を有する。

年間貸出冊数は40,319冊，貸出密度は14.0冊。職員体制は，館長1人，係長職（司書）2人，会計年度任用職員6人（うち1人は地域資料デジタル化専任。ただし2021年3月末まで）。

現在の図書館建設に際し，住民参加により図書館の基本計画を以下のとおり策定し図書館運営の基本理念としている。

① 本と出会う喜びや楽しみを実感できる図書館をめざします。
② 日々の暮らしに役立つ図書館をめざします。
③ だれもが気軽に訪れることができる。「本のあるみんなのひろば」としての図書館をめざします。
④ 住民と共に成長する図書館をめざします。

なお，現施設は平成18年度に第22回日本図書館協会建築賞を受賞している。

置戸町立図書館外観

置戸町立図書館の書架　手前に暖炉が

1.3 置戸町の地域資料(郷土資料)サービスの概要

　置戸町立図書館での地域資料（郷土資料）および行政資料サービスについては，「第 15 期図書館運営 3 ヵ年計画（2019 年度〜 2021 年度）」の基本方針等に以下のとおり記述されており，資料の収集・保存・整理・提供を行っている。

第 15 期図書館運営 3 ヵ年計画（抜粋）

3．重点目標

(1)　置戸の暮らしや地域課題解決に役立つ資料の充実を図る。

(2)　地域資料のデジタル化を実施し，新たな形での保存・提供を図る。

4．資料の収集

(2)　分類別購入計画　郷土・北海道関係資料

　3 ヵ年度（2019 年度〜 2021 年度）購入計画冊数　50 冊

(4)　地域資料

　・行政資料の収集・保存を推進する。

　・町内で刊行された資料は漏れなく収集する。

　・ビデオ，DVD 等の映像資料も系統的に収集する。

　・北海道関係資料の精選，整理を行う。

　・置戸関連記事を収集する。

　・郷土資料のデジタル化を図り町内外に公開する。

9．地域の学習・情報拠点機能の充実

　・住民の学習，文化，創造活動や情報交換，交流活動の場の活性化を図る。

　　①社会教育，福祉行政との連携強化

---

②講座，教室，研修会，映画会等の開催

③図書館まつりの開催

④持ち込み企画の奨励

⑤デジタル化郷土資料の活用

置戸町立図書館業務基準・資料収集方針等（抜粋）

2. 置戸町立図書館資料収集方針

3. 資料別収集方針 (5) 地域資料（郷土資料）

　①置戸町に関する郷土資料及び置戸町の行政資料は積極的かつ
　　体系的に収集する。

　②別に定める地域資料収集・整理・保存要領に基づき収集する。

置戸町立図書館地域資料の収集・整理・保存要領（抜粋）

1. 目的

　置戸町に関する資料及び置戸町内で発行された資料の収集・保存
は，図書館の基本的任務である。積極的かつ体系的に収集して利用
に供するとともに，一般書と区分して整理し，保存するものとする。

2. 収集

(1) 置戸町に関する資料で資料価値のあるものは，図書，雑誌，
　　新聞，パンフレット類，視聴覚資料に関係なく積極的に収集する。

(2) 置戸町内で発行された資料は，都度収集するとともに，毎年
　　度末に町，議会，関係機関，団体，学校等に寄贈を依頼し収集
　　する。

3. 整理保存

(3) 利用者が直接手に触れることができる地域資料保存棚に別置
　　し，資料は永年保存とする。

(1)　置戸町立図書館の郷土資料・行政資料の収蔵状況

郷土資料　2020.3.31 現在蔵書冊数　3,366 冊

　　　　　令和 2 年度貸出冊数　213 冊

北海道関係資料　2020.3.31 現在蔵書冊数　2,113 冊

　　　　　　　　令和 2 年度貸出冊数　29 冊

未整理（未登録）資料（重複資料含む）　約 1,500 点

資料としては次のようなものがある。

①　地域資料（郷土資料）関係

置戸タイムス，文化連盟誌，郷土史研究会置戸叢書，村史，旧町史，町史，続町史，議会史，社会教育・公民館関係，オケクラフト関係，森林鉄道関係，各地区・各団体周年史，各団体事業報告集，文芸団体作品集，学校等卒業文集，個人発行自分史，図書館報，古老の声集録集，語りつぐ歴史と証言集（開町 100 周年記念事業）

②　行政資料関係

町予算書，決算書，各種計画書，統計資料，役場事務報告，町広報紙

(2)　置戸町の図書館活動

置戸町の戦後の歴史は，まちづくりの柱として公民館活動を位置づけ，住民の学びと自主的な活動を引き出してきた。その中で青年読書会のリヤカーによる献本活動から図書館設置にもつながり，図書館が公民館を拠点とする地域の学びや活動を支えてきた。

公民館は，1954（昭和 29）年と 2009（平成 21）年の 2 回，

優良公民館表彰を受賞し，一方，農村モデル図書館として1965年1月，単独館で新たなスタートを切った図書館は，1976年から通算5回，住民一人当たりの貸出冊数全国一を記録するまでになった。この置戸の図書館の取り組みを調査するべく，1980年，図書館問題研究会が置戸町を訪れ，その調査結果は『まちの図書館－北海道のある自治体の実践』として一冊の本にまとめられた（日本図書館協会，1981）。そして，1985年には日本図書館協会功労賞を受賞した。

　このような図書館活動の中で，公民館や地域の活動に関する資料も郷土資料・地域資料として位置づけ収集・保存を積極的に行ってきた。さらに，文書化された資料に留まらず，歴史の証言を地道に音声集録し文書化する事業も1969年から計画的に行ってきた。この事業は，1970年設立の郷土史研究会の協力を得ながら集録作業を拡大し，図書館報や報告集として随時発表をしており，集大成が2016年3月発行の『語りつぐ歴史と証言』（全5巻，開町100周年記念事業）へとつながっている。

　この証言集は，主な産業である農業・林産業などや昔の日々の暮らし，さらには，明治からのうっそうとした原生林を人馬だけで開墾をした苦難の歴史などを実体験した人々の証言として記録されたもので，町史などの公的な記録を補完し，当時の人々の暮らしぶりが生き生きと記録され，時には裏話なども知ることができるものである。

　置戸町では，『置戸タイムス』や多くの郷土資料があることで，新たな記録集の発行や調べものにとても役立っており，歴史を記録することの重要性を日々感じることができる。

(3) 今後の課題

しかし，今後の課題も多く残されている。

まずは，約1,500点残されている未整理（未登録）資料をできるだけ早く処理することだが，日常の図書館運営を現行職員体制で行いながらの作業には制約がある。

次に，デジタル化とも関連するが，古い資料の劣化が散見される。特に酸性紙による印刷物，ジアゾ式複写機（通称「青焼き」）による複写物の劣化が著しく，判読不能となっている資料もあり，早急にデジタル化などの対策を取る必要がある。

次に，最近の情報媒体の変化がある。つまり紙の印刷物から情報の電子化・デジタル化，さらにはインターネットの普及が進んでいるが，自治体図書館での対応はまだまだこれからの分野である。しかも単独館個々の対応の前に，法律など制度面，提供する情報の選定方法や基準など，図書館関係者によるルール化が急がれる。

さらに，細かい課題は個々の図書館の状況により多数あると思う。置戸町でも現状では書架が不足しており，未整理資料を整理できても配架することが現状では難しい。

しかし，そうした課題よりも，とにかく地域資料（郷土資料）を大切にする担当者の気概，使命感が大事なのは言うまでもない。

また，格言で有名な「温故知新」は，「古くからの教えを学ぶことで新しい知見が得られる」などの意味として理解されているが，論語には続きがある。原文は，「子曰，温故而知新，可以為師矣」で，意味は「古くからの教えを学び，そこに新しい解釈を得るのがよい。それができれば人を教える師となることができる」で，孔子が学問の仕方で大切にすべ

きことを弟子に説いた言葉である。

　個人的な解釈で申し訳ないが，筆者は，生涯学習時代（これも最近聞かなくなった？）における学ぶ姿勢とも言えると理解している。時代の変化や技術革新により過去の知識や歴史を顧みない，逆に前例踏襲で新たな考え方や改革を試みないことはないか自問している。

　そして，図書館においても地域の歴史・文化を大切にしながら，地域の人々のニーズを捉えた新たな知識や情報を学ぶ取り組みの中にもしっかりと郷土資料・地域資料を役立てられるよう，収集・保管だけでなく利用喚起や活用について工夫することが求められている。

1.4 置戸町立図書館のデジタルアーカイブについて

(1) デジタルアーカイブ事業のきっかけ

　置戸町では，平成29年度に図書館振興財団の提案型助成事業の採択を受け，3か年度にわたり「置戸町郷土資料等デジタル化事業」として実施した。

　郷土資料が，図書館サービスの重要な資料であることは図書館法第3条第1項の冒頭に「郷土資料，地方行政資料（中略）の収集にも十分留意し」とあるとおりで，すべての図書館が資料収集・提供をしているが，ことデジタル化については課題も多く，これから少しずつ進めてゆく分野である。

　人口3千人を切った山あいの小さな町の取り組みがどれだけ参考になるかわからないが，以下報告する。

　置戸町立図書館（1953年設置，1964年単独館，2005年改築）では，地域資料サービスを行うことに加え，1970年に図書館内

に郷土資料室を設置している。少し寄り道をするが，置戸町では1919（大正8）年に，北海道における最初の官行斫伐事業（国が自ら国有林を伐採して，木材の生産・販売を行うこと）により森林鉄道が敷設され，町の発展に大きく寄与したが，車社会の到来とともに1961（昭和36）年に撤廃された。その後も使用されていた蒸気機関車ボールドウイン（愛称「かぼちゃ号」）を営林署で保管していたが，1969年に道外の展示施設に移転された。このときに同じ管内で同様の移転話があった自治体では，郷土史研究会を中心にした反対運動が効を奏して移転を撤回している。この出来事をきっかけに置戸町にも郷土史研究会が設立され，元教育長の小林猛雄を会長に，事務局を当時の図書館司書であった澤田正春（元図書館長，元教育長，元滋賀県立図書館長）が担い，図書館に郷土資料室が置かれることとなった。その後，郷土資料館は旧中学校舎に始まり何度か移転をした後，1988年に現在の旧中央公民館跡に落ち着いている。

今回は，図書館保存の地元新聞，昔の地図，各種記録写真・映像・音声資料に加え，郷土資料館の保存資料もデジタル化した。

置戸町には1951年に創刊された地元新聞『置戸タイムス』があり，2021年創刊70周年を迎えた。置戸町の生活・文化・出来事を網羅した重要な地域資料として，図書館でも継続的に保存をしていたが，創刊当初の年代の原本が20年ほど前から変色し，紙質も固くなる劣化が始まっていた。そのため，マイクロフィルムによる媒体変換を行っていたが，最近になりマイクロフィルム自体も劣化が始まった。

この貴重な地域資料である『置戸タイムス』の保存対策と

してデジタル化の検討を始めたのが，置戸町でデジタル化を進めたきっかけである。

　当初は，『置戸タイムス』のデジタル化に絞っていたが，予算確保が当面の大きな課題となった。町単独の予算づけは厳しいことから，補助金等を調べた結果，図書館振興財団の提案型助成事業により，多くの自治体がデジタルアーカイブを手がけていることを知り，首長に助成金の採択を条件にデジタル化の了承を取り付けた。そこから助成事業に応募すべく具体的な計画づくりを進めたが，置戸町の目指すものと助成事業が求める要件の整合性を図る中で，当初の構想よりも対象領域および資料が増えることとなった。以下，デジタル化の概要について記す。

(2)　置戸町のデジタル化助成事業の概要について

　助成事業の概要は下記のとおりである。

1. 事業名　　置戸町郷土資料等デジタル化事業

2. 事業の目的及び意義

　置戸町立図書館，置戸町郷土資料館，及び置戸町森林工芸館が所有する地域資料，歴史資料，秋岡コレクション（注1），木工芸品オケクラフト（注2）と，長年置戸町の出来事を報道してきた地元新聞などをデジタル化することで安全に長期保存が可能となり，貴重な資料を後世に伝え，学校教育・社会教育における地域学習，歴史調査等に効率的に利活用することができる。

　また，一部の貴重な資料をインターネット公開することで，全国的に教育・学術分野に寄与するとともに置戸町の歴史・文化・工芸・埋蔵文化財について広く情報発信を図り，置戸町の発展に

も寄与する。

3. 事業についての概要（コレクション構成及びインターネット公開内容）

(1) デジタル化対象資料

　置戸町内の記念行事，伝統芸能・生活文化・産業など貴重な地域資料・歴史資料等のうちデジタル化による保存と利活用に相応しい資料は以下のとおり

①置戸町立図書館所蔵

　a. 置戸町の貴重な歴史を保存してる写真・映像・音声資料　約2,300点（うちインターネット公開　約150点）

②置戸町郷土資料館所蔵

　a. 置戸町の発展を支えた林産業・農業等，さらに生活様式を理解するうえで貴重な生活資料　1,410点（全てインターネット公開）

　　特に森林鉄道関係，機械化以前の林業の道具等，旧石器時代の埋蔵文化財が特色。

　　郷土資料の詳細については以下のとおり。

　　林産業400点，農業450点，生活450点，自然50点，埋蔵文化財110点，その他100点　計1,410点

　b. 町指定文化財　　51点（全てインターネット公開）

　　1）旧石器学会で石器製造法の定説となった地元研究家の藤川尚位氏（故人）の論文と関係の深い資料である町文化財の藤川コレクション（注3）　50点

　　2）大正時代に冬山造材現場で重宝された「大矢ボッコ靴」（注4）　1点

　c. 置戸町の歴史上貴重な昭和初期の地図資料　　約10点

③置戸町森林工芸館所蔵

a. 町の特産品である木工芸品「オケクラフト」の代表作品　約30点

b. 秋岡コレクション約6,000点のうち特に重要な約200点をインターネット公開

④地元新聞置戸タイムス所蔵

a. 昭和26年から現在まで，週刊で発行されている地元新聞3,364号のうち置戸町での主な出来事を掲載した約100点をインターネット公開

(2)　デジタル化方式

デジタル化は，対象資料別に下記のとおり作成・保存をする。

なお，その際のファイル形式は，基本的にJPEGとするが，インターネット公開するデータについては，さらにTIFFでも作成・保存する。

インターネット公開及び施設内閲覧の検索効率をあげるための目次作成，及び検索用のテキストデータの入力は，図書館職員が作成する。

①置戸町立図書館

a. 記念行事・お祭り・地域行事・イベント等記録写真・映像・音声媒体

　⇒　写真　スキャニングによるデジタル化（外部業者委託）

　⇒　映像・音声　媒体変換によるデジタル化（外部業者委託）

②置戸町郷土資料館

a. 置戸町の発展を支えた林産業・農業等の資料

b. 旧石器時代の埋蔵文化財

c. 置戸町の生活様式を理解するうえで貴重な生活資料

⇒　デジタルカメラによる撮影，ただし写真・地図はスキャニング（外部業者委託）

③置戸町森林工芸館

　a. 町の特産品である木工芸品「オケクラフト」の代表作品

　b. 秋岡コレクション⇒　デジタルカメラによる撮影（既存データあり）

④地元新聞置戸タイムス

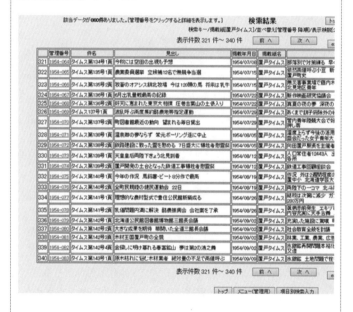

　a. 昭和26年〜平成20年（2,962号分）マイクロフィルム化済み

　　⇒　マイクロフィルムからデジタルデータへの媒体変換（外部業者委託）

b. 平成 21 年～平成 25 年（244 号分）デジタル化済み

c. 平成 26 年～平成 31 年（今後発行分を含め 289 号分）

　⇒　スキャニングによるデジタル化（外部業者委託）

(3) デジタル化に使用する機材等の構成（内容省略）

(4) 公開方式

　インターネット公開及び町立図書館での閲覧を行う。

インターネット公開については，公開に伴うデータの安全性確保と適切な運営を担保するため専門業者によるクラウド型プラットフォームとする。

　施設内閲覧については，データの安全管理と適切な閲覧環境構築に資するためデジタル資料閲覧システムを導入する。また，このシステムは，デジタルデータ作成及び登録作業にも利用する。

(5) 管理体制

　置戸町立図書館の所管とし，データ作成機器，施設内閲覧機器を設置してデーター作成・保存・管理及び閲覧等の利活用を図る。担当職員は，専任の臨時職員1名の配置と，図書館職員（館長以下3名）を兼務とする（令和2年度時点）。

4. 事業の具体的な実施計画

　事業期間は，平成29年11月から令和2年3月までとし，各年度の事業内容は下記のとおり整備を実施する。

平成29年度

　登録作業用機器，閲覧用パソコン・ソフト・周辺機器等購入

　資料保存媒体変換，データ保存機器購入

平成30年度

　郷土資料館収蔵資料デジタル写真撮影，資料保存媒体変換

　デジタルデータファイル形式変換，データ保存機器及び閲覧用機器購入

平成31年度・令和元年度

28

郷土資料館収蔵資料デジタル写真撮影

資料保存媒体変換及びデジタルデータファイル形式変換

データ保存機器購入，地元新聞スキャニング

インターネット公開データ搭載

●3ヵ年で整備した機器類

パソコン2台（資料管理用，閲覧用　各1台）

データ管理用ネットワーク対応HDD　1台，バックアップ用
HDD　1台，A3フラットベッドイメージスキャナー　1台，
非接触スキャナー　1台

閲覧用大型モニター，プロジェクター　各1台

5. 期待される成果・効果

　本町にとって貴重な郷土資料等をデジタル化によって長期保存
することで後世に永く伝えることに加え，生涯学習拠点である図
書館として郷土の歴史・文化・伝統工芸などについて常に情報提
供及びレファレンスへの対応が充実される。また，学校教育での
総合学習・郷土学習においても貴重な情報源として利用が見込ま
れる。特にデジタル化したことにより学校に配置されている電子
黒板の授業での有効活用と，学校図書室に配置されているインタ
ーネット検索パソコンでの調べもの学習での活用を進める。さら
に，一部のより貴重な資料をインターネット公開することにより
置戸町の歴史・学術・工芸分野での全国への情報提供が可能とな
り，間接的に置戸町の情報発信力を高め地域振興にも寄与する。
また，小中学校での郷土学習・歴史学習ではインターネット環境
が整備されている学校内でいつでも・どこでも利用が可能となり
スクールバス等での移動が無く，効率的な授業展開が可能となる。
（小中学校いずれも図書館から約2kmの距離）

注1）秋岡コレクションは，オケクラフトの名付け親であり，当時，暮らしのためのデザインを提唱し日本各地で手仕事やクラフト産業の育成に尽力されていた著名な工業デザイナーの秋岡芳夫氏（故人）が収集した暮らしの道具，大工道具やものづくりの道具の通称。現在，全て置戸町に寄贈され保管・整理・展示されている。

注2）オケクラフトは，北海道置戸町で生産される木工芸品の地域ブランドで，地場資源の付加価値を高める生産教育の推進を掲げた社会教育・公民館活動と，それを支援した図書館活動の中から著名な工業デザイナーの秋岡芳夫氏（故人）と出会い，秋岡氏と町民の手によって昭和58年に誕生し，今では置戸町を代表する特産品となった。

注3）藤川コレクションは，昭和31年に行われた北海道大学の旧石器発掘調査の契機となった。また，藤川尚位氏（故人）の論文「置戸遺跡出土の擦痕石器の実例と細石核について」は昭和30年代後半から50年代まで，多数の研究者や学生がその資料に学び，それによって置戸の旧石器が学界に一定の認知を与えた。滑り止めに擦痕を施したという藤川氏の論文は，現在では学界の定説となっている。

注4）防寒ボッコ靴及び開墾足袋靴にゴム底を貼り実用新案として認定された独創的な「大矢ボッコ靴」は，大正8年ごろ大矢政次郎氏によって開発された。受注は道内林産工業をもつ町村は言うに及ばず，道外の雪国，樺太などからも注文が殺到。大正12年，現在の役場前に立てられた「実用新案大矢式雪靴大矢式開墾足袋製工場」の大看板は人目をひき，大矢ボッコの名を全道にとどろかせた。大矢ボッコ靴は，大正時代の置戸町の歴史を語る上に欠かすことのできない貴重なもので，現有するのは1足のみである。

1.5 地域資料等のデジタル化を進める過程での課題と解決策

　事業財源の確保については，町費単独での実施では首長や議会の理解を得られることは困難であり，補助金等の財源確保を目指した。いくつかの選択肢の中から，図書館振興財団の提案型助成事業に応募し採択されたことで，事業予算に目

途がついた。

　デジタル化の対象資料を決めるにあたり，助成金の事業目的や事業内容など助成金のガイドラインに合致させる必要から，当初のデジタル化対象資料であった地元新聞，図書館所蔵の写真資料や大正・昭和初期の町の地図に加え，郷土資料館の所蔵資料，公民館所蔵の事業写真・映像・音声資料，役場所蔵の写真資料（主に広報）等も対象に加えたことで，作業量が大幅に増えた。そのため当初は，退職OB 1人の専任で実施予定であったが，中途から「地域おこし協力隊員」（学芸員資格者）1人，郷土資料に詳しい臨時職員1人の短期雇用で対応した。また，デジタル写真撮影や新聞のデジタル化は業者委託とした。

　新聞や書籍等の資料のデジタル化は，できることならすべてテキスト化することが理想である。それは，デジタル資料を利活用する際の検索の効率に影響することと，コピーアンドペーストなど加工性が非常に高くなるからである。しかし，OCR（光学文字認識）ソフトが高性能化してはいるものの，古い時代の資料は変換効率が低下することと，その訂正作業を誰が行うかが大きな問題であった。つまり，業者委託にすると事業費が大幅に増え，職員が行おうすると人員増が必要になる。置戸町では，地元新聞のデジタル化はOCRソフトを使わず，見出しおよび記事の中で特徴的な語句のみを抽出して担当者がテキスト入力することで一定程度の検索ができること，昔の新聞記事なのでPDF化することで読み取り・印刷は可能なことで妥協することとした。このことは，今後，書籍等のデジタル化を検討する際には避けて通れない課題となる。

ちなみにデジタル化した地元新聞の閲覧は，当図書館が導入している図書館情報システムの管理委託業者が新聞閲覧システムを自社開発していたので，このシステムを採用し，デジタルデータ（PDF）およびテキストデータの入力作業は職員が行った。

　未整理のまま多量に保存されていた写真等で過去の歴史や文化，産業や日常生活の様子がわかるような貴重な資料を見つけることもできたが，逆に5W1Hなどの情報が十分に整理されていないため資料価値が下がった資料も多く，これらの選別も時間と手間のかかる作業となった。特に映像・音声・写真ネガ資料は，再生が困難なものもあり，やむなく表題から選別を判断したものもある。

　映像・写真資料では著作権に触れる可能性があるが，今回のデジタル化対象資料で著作権法に抵触しない70年以上前の資料については考慮していない。70年以内で抵触の恐れのある資料については，著作権者の割り出しにも限界があるので，明確なものは当然として，疑わしきものは閲覧対象としないよう個別判断とした。また，テレビ録画については，著作権を有するテレビ局から有料でデジタルデータを購入し直しできたものもあったが，この方法も相手方により提供（販売等）してもらえない場合もあった。

　個人情報[1]保護に関しては，今回デジタル化した資料に該当するものはほぼないと判断している。ただ，写真・映像資料で肖像権の対象になるものはあるため，著作権同様に個別に判断することになった。ただし，デジタル化資料の多くが地元新聞の取材，公共機関の事業記録や公人に関する資料で，すでに公表された資料については許諾があったとみなし肖像

権の対象とは考えていないが，未公表写真で存命の一般人の方が写っているものには一定の配慮が必要としている。

　図書館振興財団の提案型助成事業は，2017（平成29）年12月から始め，2020（令和2）年3月までの3か年で実施した。

　事業費総額は16,523,790円，助成金8,075,000円で，町の持ち出しは8,448,790円になった。

　資料の内訳は，地元新聞・地図・写真・映像・音声・郷土資料館収蔵品と多岐にわたるが，総件数で約18,000件をデジタル化し，そのうち1,971件を「置戸町デジタル郷土資料館」としてインターネット公開した。なお，インターネット公開は，図書館振興財団の助成事業で必須条件となっている。

　置戸町デジタル郷土資料館の閲覧については，2020年4月から2021年2月現在までのアクセス件数は7,684件，閲覧96,642ページとなっている。

置戸町立図書館／置戸町デジタル郷土資料館

置戸町の歴史と文化伝える 置戸町デジタル郷土資料館

置戸町は、北海道の東部、オホーツク管内の南西端に位置し、527.27kmの広大な面積を有している農業と林業の町です。置戸町の始まりは、約2万年前の旧石器時代にまでさかのぼります。その事実が明らかになったのは昭和31年のことで、人間が使ったとされる多くの旧石器が発掘されたからでした。

置戸町には、旧石器時代から現在に至るまでの間、先人が築いた貴重な歴史と文化が様々な形で記録・保存されています。「置戸町デジタル郷土資料館」では、その一端を多くの方々に知ってもらうとともに、教育や地域活動で活用できるよう、郷土資料や歴史写真等を公開しています。

郷土資料

郷土資料とは、置戸の歴史を物語る農林業関係の道具や生活用具、置戸町の林業発展に大きく貢献した森林鉄道関係資料、旧石器時代の石器等、置戸町郷土資料館に収蔵されている大変貴重なモノの資料です。

資料の収集作業は1970年代から置戸町郷土史研究会を中心に始まり、多くの置戸町民の協力により、約半世紀もの間に10,000点にも及ぶ資料が収集され、資料館に展示・保管されています。

ここでは、とても貴重な郷土資料のうち、実際に撮影をした資料全1,471点を閲覧することができます。

置戸町デジタル郷土資料館のトップページ（公開はTRC-ADEAC社の提供するデジタルアーカイブシステムに業務委託）

区分としては，地元新聞と昔の地図へのアクセスが若干多い以外はそれほど大きな差もなく平均して閲覧されている。

　町民以外への利用制限については，インターネット公開では制限していないが，図書館での閲覧についても基本的に図書館での資料貸出と同じ扱いとして，肖像権等で閲覧に供しない資料以外は，町民以外にも自由に閲覧できることとした。

1.6 郷土資料デジタル化の意義と今後の課題

　貴重な郷土資料を保存し後世に伝え，さらに利活用するために，デジタル化は有効な手段である。郷土資料の対象は書籍，図面，写真等の紙媒体だけではなくスライド，フィルムの静止画像，8mm，16mm フィルム，VHS 等の動画，さらには機器・器具・生活用品等の動産と多岐にわたるが，いずれも経年劣化は避けられない。これらの資料を二次資料（デジタル写真等）としてデジタル化したデータを提供・展示・貸出することで，原資料の劣化・汚損のリスクを減少し，原資料の保存状態を良好に保つことができる。

　デジタルデータの利活用のメリットとして検索，加工が向上し，保存媒体も非常に小さな物で携帯に便利であることから学校，公民館等での事業への利用が容易となる。

　また，飛躍的に向上したインターネット環境を活用することで学校等での利用が可能であり，さらには世界のどこからでもアクセスが可能となり，学術面での利活用が進むことと，今後ますます社会の ICT 化が進むにつれ郷土資料のデジタル化の要請は高まり，利活用も進むことが期待される。

　次に，2017 年 12 月より実施した郷土資料デジタル化につ

いては，一定程度の資料整理およびデジタル化を進めること
ができたが，今後も以下の案件について継続した取り組みが
必要である。

① 『置戸タイムス』デジタル化の継続（2020（令和2）年4
月1日以降の発行分）：年間約50号，210ページのPDFデー
タ作成と閲覧システムへの追加更新，および検索用見出し
入力作業

② 郷土資料館資料の未整理資料および新規寄贈資料の整理
およびデジタル化：特に旧石器資料は約10,000点ほどあ
り，簡易的な整理は済んでいるが本格的な整理はこれから
で，その後，学術的に貴重な資料（見込みで500～1,000点）
に絞り込んでデジタル化を進める

③ 重要（貴重）書籍・書類・地図等のデジタル化（計画的実
施）：特に酸性紙は25年で変色，100年で粉々になり，そ
れに代わって300年持つと言われる中性紙に1990年代に
移行が始まり，2000年以降は中性紙が主流になった
（候補）『置戸町の産業と人物誌』（1960年10月25日発行，
変色始まる），『開町50周年記念「置戸町の50年」』（1965

令和2年度に継続事業としてデジタル化した1915（大正4）年発行の
置戸村史

年10月1日発行，変色始まる），町広報（特に古い年代），
事務報告（特に古い年代），『続金色夜叉』，『金色夜叉終編』
（長田幹彦著）[2]
④　今後新たに見つかる貴重な写真，映像，音声資料のデジ
　　タル化（随時）
　　（例）未整理の広報取材写真
⑤　置戸町の各分野の貴重な非デジタル化資料のデジタル化
　　（随時）
　　（例）ナキウサギ等地域の貴重な動植物の写真
　　　　　個人所有の旧石器資料で学術的に貴重な資料

　ただし，上記の項目のうち①『置戸タイムス』と③重要（貴
重）書籍・書類・地図等のデジタル化は，外部委託も含め作
業人員の確保により実施できるものの，その他の案件は学芸
員等の専門知識を有する人材によるデジタル化の必要性につ
いての判断・整理が事前に必要である。
　さらにデジタル化資料の管理作業として保存媒体（ネット
ワーク型ハードディスク）の日常管理と定期更新（5年ごとを想
定）が必要である。
　利活用については，学校・公民館との連携により事業化を
進め，定期的恒常的な利用を進めること，図書館での個別（団
体・グループも含む）閲覧への対応，資料利用申請の対処，イ
ンターネット公開中の「置戸町デジタル郷土資料館」の管理
委託事務と定期的なリニューアル（少なくとも2～3年ごと）
が必要となる。あわせて，これらの管理体制および人員配置，
そして図書館と郷土資料館（社会教育課所管）との役割分担も
整理しなければならない。

1.7 まとめ

　置戸町の郷土資料等デジタル化事業について報告したが，図書館のデジタルアーカイブとしてなじまない資料についてもデジタル化を行った。冒頭に書いたとおり，図書館の歴史の中で書籍等の郷土資料以外にもかかわってきたこと，さらには図書館振興財団の提案型助成事業の趣旨により対象資料の範囲を広げたことが主な理由であった。また，多少なりとも過疎地からの情報発信に寄与できるのではという思いもあった。

　置戸町のデジタルアーカイブは，前項で記述のとおりスタートしたばかりで，今後も引き続き取り組みをしていくべきと考えている。しかしながら，世の常といいながら計画承認，予算確保，事業の優先度など多くの乗り越えるべき課題があるのも事実である。

　そのためにも，より質の高いデジタルアーカイブの公開により関心を集めること，評価を高めること，そして何よりも学校や公民館などで利用してもらい町や地域の歴史・文化・伝統の学びに寄与することが一助になると考える。

　置戸町には，旧石器時代から始まり，明治の入植開墾の歴史，豊富な森林による林産業で栄えた時代，現在の木工芸オケクラフトまで脈々とものづくりの歴史が続いている。この歴史を踏まえた多種多様な郷土資料も存在しており，これらの資料を活用した「小さな博物館のある街」構想も提唱されている。

　デジタルアーカイブの最も重要な意義は，貴重な資料を保存し，より永く後世に伝えるために劣化を遅らせ資料原本を

できるだけよい状態で保存し，利活用については二次資料として
デジタル化したものを使うところにある。一方で，デジ
タルアーカイブの特徴である「いつでも・だれでも・どこで
も」見ることができ，同時に複数の利用もできる。こうした
点から学校や公民館などでの利活用はもちろんのことだが，
新しい見せ方，利活用も進み，「小さな博物館のある街」構
想のようなまちづくりや地域振興にも寄与できることを望ん
でいる。

注
1) 「個人情報」は"生存する個人に関する情報であって，当該情報に含
まれる氏名，生年月日，その他の記述等により，特定の個人の識別がで
きるもの"と定義されている。
2) 『金色夜叉』は，尾崎紅葉が書いた明治時代の代表的な小説で，執筆
中に作者が死亡したため未完となり，多くの作家が続編を書いた。長
田幹彦が著した『続金色夜叉』，『金色夜叉終編』は，置戸の原生林に
魅せられた長田が置戸を舞台としている。

2章 調布市立中央図書館の組織化とサービス

2.1 調布市・調布市立図書館概況

(1) 調布市の概要

調布市は 1955 年に誕生した。東京都のほぼ中央，多摩地域の南東部に位置する。23 区に隣接し，新宿へ 15km の距離にある。人口は 2021 年 1 月現在で約 23 万 8 千人，2020 年度の市の予算規模は約 930 億円である。

(2) 調布市立図書館の概要

調布市は，市制施行 10 周年記念事業の一つとして図書館建設を計画し，1966 年に中央図書館が開館した。

「すべての市民によい読書を」，「市民に親しまれる市民の図書館に」，「青少年，勤労者，親子のための図書館を」を目標として活動を開始した。

開館翌年から，「図書館（分館）網」計画の検討を開始した。図書館が身近な学習活動の場として活用されるよう，1972 年に第 3 次図書館計画として「①半径 800 メートルに一つの図書館　②人口 2 万人に一つの図書館　③二つの小学校区に一つの図書館」の三原則を打ち出した。現在市内には 11 館の図書館がある。

調布市立図書館　最近の統計

（統計は全館合計）		2019 年度 （3 月 31 日現在）	2018 年度 （3 月 31 日現在）
蔵書数		1,401,213 点	1,395,933 点
	うち 地域資料	77,918 点	75,036 点
	うち 映画資料	32,941 点	32,155 点
利用登録者数		86,696 人	88,342 人
年間貸出数		2,431,540 点	2,560,006 点
	うち 地域資料	6,237 冊	6,620 冊
	うち 映画資料	8,261 冊	8,899 冊
職員数		常勤職員　65 人 （うち有資格 46 人） 非常勤職員　147 人	常勤職員　61 人 （うち有資格 46 人） 非常勤職員　156 人
年間入館者数 （中央図書館のみ）		556,407 人 （一日平均　約 1,700 人）	612,286 人 （一日平均　約 1,850 人）
開館日数		327 日※	331 日

※新型コロナウイルス感染拡大防止のため，2020 年 3 月 2 日から 3 月 27 日までサービス縮小，3 月 28 日から 5 月 31 日まで臨時休館した。

　小規模な中央図書館であったため，開館当初から本格的な新中央図書館建設を計画し，1995 年に調布駅から徒歩 3 分に位置する「調布市文化会館たづくり」内に移転開館した。移転検討段階で管理委託が計画されたが，市民からの意見や全国的な反対運動もあり，一部業務（図書館間巡回車の運行や図書の装備など）の委託を行いながら，市直営を続けている。

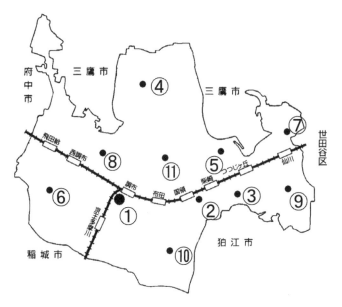

<＜調布市立図書館　図書館網＞ （数字は開館順）

①中央図書館　　②国領分館　　③調和分館（旧つつじケ丘分館）
④深大寺分館　　⑤神代分館　　⑥宮の下分館　　⑦緑ケ丘分館
⑧富士見分館　　⑨若葉分館　　⑩染地分館　　⑪佐須分館

　2005年に「分館網の整備・充実をすすめることにより，いつでも，どこでも，だれでも気軽に利用できる市民の書斎であり続けるとともに，地域に根ざした市民文化の創造に寄与するため，市民の参加と協働を得て，積極的な図書館活動を展開する」という基本方針を決定した。

2.2 調布市立図書館の地域資料サービス

(1) 概要

　調布市立図書館は，調布に関する専門図書館として，資料を収集・保存・提供する責任がある。地域資料は，その地域の公共図書館が収集しなければ散逸する可能性が大きいため，さまざまな手段を講じ積極的・継続的に収集する必要がある。

　市民が調布を理解し，市政に積極的に参加する助けとなること，地域の文化を次の世代に継承することを目的とし，郷土資料，行政資料，住民資料，学校関係資料を包括して地域資料と捉え，サービスを実施している。

(2) 施設紹介

① 中央図書館参考図書室

　レファレンスカウンターを設けている。

　辞書・事典・白書・統計などの参考図書を揃える。インターネット閲覧用端末，9種類の商用オンラインデータベース（日経テレコン, 聞蔵Ⅱビジュアル, ヨミダス歴史館, 日本教育新聞, ジャパンナレッジLib, 官報情報検索サービス, D1-Law.com, MAGAZINEPLUS, Web OYA-bunko）に加え，調布市立図書館が独自に作成したデータベース（調布市立図書館デジタルコンテンツデータベース）が利用できる。国立国会図書館が提供する「デジタル化資料送信サービス」も利用できる。

② 地域資料コーナー

　全館に設置している。中央図書館は参考図書室内に，分館は一般室内に地域資料コーナーを設置する。調布市に関する

資料のほか，東京都や都内他自治体の資料も積極的に収集する。

　ほぼ全館で子ども室にも地域資料コーナーを設置し，小・中学生の調べ学習などで，地域に関連する資料の問合せに対応する。

③　中央図書館映画資料室

　中央図書館の参考図書室内に映画資料室を設置する。調布市はかつて，「東洋のハリウッド」と称されるほど映画産業が盛んで，現在も多くの映画関連企業がある。地域資料のコレクションとして，映画関連資料を幅広く収集する。

(3)　地域資料担当の職員体制

　レファレンス業務を担当する調査支援係から，地域資料担当者と，映画資料担当者をそれぞれ2人程度配置する。これに加え，分館職員から地域資料・映画資料担当者を数人選出する。分館の担当者は，資料の選定や調査などの一端を担う。

(4)　地域情報の提供

　2010年から，分館で「地域を知る地図」の作成を始めた。公共施設や学校・保育園・幼稚園のほか，利用者から問合せの多い郵便ポスト，公衆電話，トイレ，自動販売機，駐車場，バス停などの分館周辺の地域情報を反映した地図を館内に掲示している。3年ごとに内容を更新し，掲示が終了した地図はデジタル化する。

　あわせて，「地域を知る地図」に載せた施設のほか，医療機関や銀行など，市民の暮らしに役立ちそうな拠点の情報を

集めたリスト「周辺施設一覧」を毎年更新し，館内で公開している。また，「まちの施設ガイド」ファイルを作成し，商店街マップや市内施設のパンフレットなどを利用者が自由に見られるようにした。

さらに，図書館内にポスターを掲示し地域情報の提供を呼びかけ，市民からの貴重な情報を地図やリストに反映する。

2.3 収集・整理

(1) 収集方針

1994 年に調布市立中央図書館移転に向けて「郷土行政資料収集計画」案を検討し，1995 年に地域資料の収集方針を策定した。2016 年に分館の役割や名誉市民の追記などの変更を加え，収集方針を改訂した。収集方針は蔵書として閲覧・提供するほか，図書館ホームページに掲載している。調布市立図書館の地域資料サービスの基本となるため，ここで紹介する。

特別コレクション（映画資料）の収集方針については，別の節で触れる。

資料

調布市立図書館　地域資料収集等に関する方針　第 2 版
(2016 年 3 月改訂)

1　目的

調布市立図書館は，調布に関する専門図書館としての責務を負っている。分館はその地域に関する情報を収集する役割を持つ。

地域資料は，その地域の公共図書館が収集していかなければ，散

逸してしまう可能性が大きいので，様々な手段を講じて積極的・継続的に収集していく必要がある。

　市民が調布を理解し，市政に積極的に参加する助けとなり，文化を次の世代に継承することを目的に，郷土資料，行政資料，学校資料，住民資料の四つの大きな柱を立てて，「調布市立図書館　地域資料収集等に関する方針」を定める。

2　郷土資料

(1)　定義

ア　調布を中心とした地域の地誌（歴史・地理・自然・産業・文化）に関連する資料

イ　調布にゆかりのある人物を扱っている資料

ウ　調布を中心とした地域に伝来する事柄（民話・伝説・言葉・風俗・習慣）についての資料

エ　調布市が支援するスポーツチームや姉妹都市など，調布に関連する団体や組織に関する資料

(2)　収集範囲

　調布を中心に，東京都全体を対象とする。歴史的にさかのぼる主題の資料については，武蔵国に関する資料も収集する。

(3)　種類

ア　図書

　(ア)　市販図書

　(イ)　自費出版図書・私家版図書

　(ウ)　市内法人（事業所・文化施設・福祉施設・寺社など）の発行した要覧・名簿・統計・調査報告書・社史など

　(エ)　電話帳

イ　新聞・雑誌・逐次刊行物

　　新聞は，全国紙の多摩地域を対象とした地域紙面を切取って製

本し，永年保存する。

　雑誌は，市販されているもののほか，郷土研究誌，タウン誌・ミニコミ誌・フリーペーパーなども収集する。

ウ　地図・空中写真

　地形図，都市地図，住宅地図，空中写真のほか，商店街マップ，観光マップなども収集する。年代ごとにまちの変遷が辿れるように収集し，入手困難な資料については，複製物の入手に努める。

エ　パンフレット・リーフレット・チラシ・ポスター

　祭り・物産展・花火大会・講演会など，調布市内の催し物に関わる資料を収集し，年代がわかるように保管する。

　チラシは，新聞折り込み広告から，調布市内の事業所や店舗，不動産物件など，まちの様子がわかるものを選んで収集する。街頭で配布されるものにも留意する。

オ　その他の形態の資料（写真・フィルム・音声資料・映像資料・かるた・絵葉書・カレンダー・記念切符・地域限定品など）

　博物資料については，必要に応じて調布市郷土博物館と協議し，収集・保管に努める。

カ　特別コレクション（映画資料）

　「映画のまち調布」の地域特性に留意し，映画資料を地域資料の一環として収集する。（「調布市立図書館映画資料収集等に関する方針」は別に定める。）

キ　地域を知るための図書館作成資料

　(ア)　自館作成による電磁的記録

　　調布が出てくる資料のリスト，調布地域の地図のリスト等，郷土資料の検索に役立つ主題別リストや，調布の歴史がわかる記録写真等を作成する。

　(イ)　分館作成による地域を知るための資料

「地域を知る地図」や周辺施設一覧を作成する等，市民の協
　　力を得て分館周辺の情報収集に努める。
　(ウ)　資料の電子化
　　　希少な郷土資料の原本を保存し後世に残すため，電子化する。
　(エ)　調布に関する新聞記事データベース
　　　調布に関する新聞記事の切り抜き記事を電子化し，索引をつ
　　け，データベース化する。
　(オ)　「市民の手によるまちの資料情報館」
　　　市民との協働により，調査・整理した調布の情報を電磁的に
　　発信する。

3　行政資料

(1)　定義

ア　調布市が刊行した発行物

イ　調布市の外郭団体・関連団体の発行物

ウ　東京都・多摩地域・23区・島しょの自治体発行物

(2)　収集範囲

　調布市に関するものは，網羅的に収集する。東京都・多摩地域・
23区・島しょの自治体発行物に関しては，系統的に収集する。

(3)　種類

ア　図書

イ　広報紙・会報

ウ　地図

エ　パンフレット・リーフレット・チラシ・ポスター

4　学校資料

(1)　定義

　調布市内にある幼稚園・小学校・中学校・高等学校・特別支援学校・
短期大学・大学・専門学校の発行物

(2) 収集の範囲

　調布市内の学校に関する資料（要覧・学校史・紀要など）を収集する。市立小学校・中学校の発行物は，全校児童・生徒を対象にした学校だより等を収集する。卒業アルバム・学事報告・名簿・文集など，個人情報が多く含まれるものは対象外とする。

(3) 種類

ア　図書

イ　広報紙

ウ　パンフレット・リーフレット・チラシ・ポスター

エ　その他（周年行事配付物など）

　博物資料については，必要に応じて調布市郷土博物館と協議し，収集・保管に努める。

5　住民資料

(1) 定義

ア　調布市を活動拠点とする団体が作成した資料

イ　調布市の住民自身が作成した資料（特に一般的な流通の範囲にないもの）

(2) 収集の範囲

　調布市内の団体及び市民が作成した資料を収集する。

(3) 種類

ア　図書館・公民館サークルなど生涯学習団体の発行物

イ　自治会・町内会・婦人会・青年団・子供会・生協・地域生産者・組合・住民運動団体・政党などの発行物・会員名簿

ウ　家庭新聞・ミニコミ誌

エ　市民文庫

　　調布市在住の著者から寄贈された著作物

オ　名誉市民資料

調布市名誉市民（本多嘉一郎氏，水木しげる氏，山田禎一氏，金子佐一郎氏，林和男氏）の著作や業績を記した資料を，幅広く収集する。

6　保存

　地域資料は，現世代の利用に供するとともに次世代へ継承していくために，複本で永年保存する。特に劣化しやすい資料については，保存方法に留意する。

　調布市の行政資料については，市政の公式な記録として，閲覧・貸出用とは別に，原本を1冊装備せずに永年保存する。

　中央図書館で調布全域の資料を保存するとともに，分館では分館周辺の地域の資料の保存に留意する。

　子ども向け地域資料の収集については，児童資料の収集方針の一部から，関連部分を抜粋する。

調布市立図書館　児童資料収集等に関する方針（2018年12月）
（抜粋）

(15)　地域資料

　子どもが調布を理解するのに役立つような歴史，自然，産業，交通などに関する資料を網羅的に収集する。また，多摩地区，東京都，調布市と交流のある地域（八ヶ岳，木島平等）に関する資料に留意する。

　利用の集中する主題については，複本や類書を用意する。

　子ども向きの地域資料は少ないため，大人を対象とした資料であっても必要な資料は積極的に収集する。

　図書以外のパンフレット・リーフレット類，地図なども収集する。

---

(2) 選定・入手方法

　資料に関する情報を日常的に地域資料担当者で回覧する。また，月に1回選定会を行い，資料の選定や地域資料サービスに関連した懸案事項を検討する。

　資料は，購入や寄贈により入手する。東京都内他自治体の刊行物は，年に数回まとめて寄贈依頼文書を送付し収集する。

(3) 地域資料収集の情報源

ア　調布市の資料

　調布市発行の行政資料には納本制度がある。各部署が作成した資料に刊行物番号が付され，調布市総務課に所定の冊数が納本される。その中から自動的に調布市立図書館に13冊（中央図書館2冊，分館各1冊，保存1冊）が送られ，全館で蔵書とする。刊行物番号が付されない刊行物は納本対象外のため，庁内・市内の資料の配布ラックや市報などをチェックし，積極的に収集する。

イ　東京都・他自治体の新刊情報

　東京都立図書館の特定テーマの資料リスト「クローズアップ都市・東京情報」および新着地域資料リスト「東京情報月報」，日野市立図書館市政図書室の新着資料を参考に選定する。

ウ　新刊情報・資料検索

　調布市立中央図書館では，職員が自然（0・4・5・8類）・人文（1・2・7類）・社会（3・6類）・文学（9類）・児童分野に分かれ選定を行うが，地域資料は収集対象が多岐にわたり，全分野からの選定が必要となる。

　そのため，各分野の選定担当者から地域資料の情報を得

るとともに，見計らい（現物見本）資料を適宜確認する。タイトルや件名に「調布」，「多摩」，「東京」など収集対象になりそうなキーワードを含むもの，地域資料の多い分類（NDC213.6，291.3など）を定期的に資料検索し購入漏れがないか確認する。

エ　地域雑誌・タウン誌

　　『多摩のあゆみ』（たましん地域文化財団発行），『月刊武蔵野くろすとーく』（くろすとーく発行）などの地域雑誌・タウン誌に紹介された地域資料を選定する。特に，たましん地域文化財団は，地域資料室を持ち収集している資料が参考になるので，新着情報を丁寧に確認する。

オ　出版目録

　　東京都の刊行物目録，古書店の目録，地方・小出版流通センターの新刊目録などを調査し，選定する。東京都多摩地域自治体刊行物の頒布会である「郷土誌フェア」に参加し，必要な資料を入手する。

カ　新聞記事

　　地域資料発行情報に留意し選定する。

キ　その他

　　調布市や調布市観光協会のTwitterなど，SNSでの地域資料に関する情報発信に留意する。市民団体や東京都多摩地域のニュースにも目配りする。紹介・調査した参考文献から関連資料を新たに購入することも多い。

(4)　地域資料の分類

　当初，郷土史関係の資料は，日本十進分類法によって分類・配架していた。蔵書数の増加に伴い配架方法を検討し，中央

図書館は 1980 年から調布市独自の地域分類による整理を開始した。東京都立中央図書館東京室の分類を参考に、"東京の資料"を表す「T」と地域ごとの分類番号を組み合わせた「地域コード」という別置記号を付与し，1981 年に調布市立中央図書館に郷土資料コーナーを設置した際，「地域コード」による配架を開始した。1994 年からは分館でも「地域コード」分類を開始した。

地域コード（地域分類）一覧

地域コード	地 域	地域コード	地 域	地域コード	地 域
T 01	調布市	T 30	稲城市	T 60	渋谷区
T 02	東京	T 31	多摩市	T 61	新宿区
T 03	多摩	T 32	多摩ニュータウン	T 62	杉並区
T 04	多摩川	T 33	八王子市	T 63	墨田区
T 05	その他	T 34	日野市	T 64	世田谷区
		T 35	町田市	T 65	台東区
				T 66	中央区
T 10	昭島市			T 67	千代田区
T 11	清瀬市	T 40	（秋川市）	T 68	豊島区
T 12	国立市	T 41	あきる野市	T 69	中野区
T 13	小金井市	T 41	（五日市町）		
T 14	国分寺市	T 42	青梅市	T 70	練馬区
T 15	小平市	T 43	奥多摩町	T 71	文京区
T 16	狛江市	T 44	羽村市	T 72	港区
T 17	立川市	T 45	日の出町	T 73	目黒区
T 18	西東京市	T 46	檜原村		
T 18	（田無市）	T 47	福生市		
T 19	東久留米市	T 48	瑞穂町	T 80	島諸
				T 81	伊豆諸島
T 20	東村山市	T 50	区部	T 82	小笠原諸島

T	21	東大和市	T	51	足立区
T	22	府中市	T	52	荒川区
T	23	（保谷市）	T	53	板橋区
T	24	三鷹市	T	54	江戸川区
T	25	武蔵野市	T	55	大田区
T	26	武蔵村山市	T	56	葛飾区
			T	57	北区
			T	58	江東区
			T	59	品川区

（右上に続く）

T	90	隣接県
T	91	神奈川県

※　T05　その他　には，姉妹都市木島平村関係資料や新選組関連資料（調布市は局長近藤勇の出生地）等を分類している。

1. 地域資料の分類構成　[地域分類 2 桁－NDC 分類－図書記号－巻数]
2. 歴史資料は　地域分類の後　210.□の展開を適用する。
3. 地理・地誌資料は　地域分類の後　290.□の展開をする。
4. 「地理区分」を伴う NDC 分類の場合，コンマ以下の地理区分の展開はしない。
5. 図書記号は書名の頭文字　（例外「市民文庫」は著者の頭文字）

請求記号例

NDC 分類	地域資料の分類	書　　名	内　　容
213.6	T01-210.1 チ	調布市史	調布の通史
213.6	T02-210.1 ト	東京市史稿	東京の通史
213.6	T01-210.2 チ	調布市染地遺跡	調布の原始時代の歴史
213.6	T03-210.3 コ	古代武蔵を歩く	多摩の古代史
213.6	T01-210.5 キ	近世調布の村むら	調布の近世史
213.6	T01-210.7 タ	太平洋戦争と調布	調布の昭和史
213.6	T33-210.7 ハ	八王子空襲の記録	八王子の昭和史
213.6	T02-210.7 ト	東京懐しの街角	東京の昭和史
291.3	T01-290.1 タ	多摩の自然とくらし	調布の歴史地理
291.3	T01-290.3 セ	ゼンリン住宅地図調布市	調布の地図
291.3	T02-290.3 エ	江戸東京地名事典	東京の地名

291.3	T01-290.9 チ	調布ふるさと散歩	調布の紀行
291.3	T33-290.3 フ	ふるさとの地名府中	府中の地名
318.5	T01-318.5 シ	市報ちょうふ 縮刷版	調布の行政・公報
351	T24-351 ミ	三鷹市統計データ集	三鷹の統計書
382.1	T01-382 チ	調布の民俗覚書	調布の風俗・習慣
388.1	T10-388 ア	昭島の昔語り	昭島の伝説・民話
470.7	T01-470.7 シ	神代植物公園のあらまし	調布の植物園
709.1	T01-709 チ	調布の指定文化財	調布の文化財
709.1	T30-709 イ	稲城市文化財研究紀要	稲城の文化財
673.9	T01-092 ア	門前そば一代記	市民文庫

(5) 資料の整理

　一部の寄贈資料を除き，資料の受入れ作業は中央図書館で行う。古書店から購入した資料や寄贈された資料など，MARC に書誌データがない場合は，資料係書誌管理担当職員が書誌を作成，または MARC 会社に作成を依頼する。

　パンフレット，チラシなど図書の形態ではない資料の一部は，図書館システムには登録せず原簿で管理している。

(6) 資料の装備

　装備は，一般資料と同様にフィルムコーティングをするが，以下のように特殊な装備をするものもある。

ア　蓋つきホルダー

　冊子体でない資料（折り畳みの地図など）は半透明のホルダーに入れ，ホルダーに書名や請求記号を表示する。

イ　製本カバー

　　冊子体だが，そのままでは配架が難しいもの（表紙がコ
ピー用紙など）は，書名や請求記号を表示した製本カバー
をかける。

ウ　接着剤塗布

　　フィルムコーティングがかかりにくい布張り製本の資料
は，題字などがはがれないよう，印字部分および請求記号
ラベルに図書館製本用接着剤を塗布する。

エ　中性紙封筒・箱

　　古書や貴重な資料の一部は，中性紙封筒に入れ，封筒に
資料のバーコードや請求記号ラベルを貼付し配架する。蔵
書受入れをしない資料や新聞折り込み広告は，中性紙の箱
に入れて閉架で保管する。

オ　カイルラッパー

　　劣化が進んだ資料で厚みのあるものは，カイルラッパー
（本を1冊ずつ採寸し，折りだけで本を包む紙製の容器）に収
め保管する。

カ　保存用PP（ポリプロピレン）袋

　　ポスターやチラシ，写真などは，劣化に強い保存用PP
袋で保存する。

キ　製本

　　背が外れるなどの傷みがある資料は布張り製本をする。
図書館の刊行物や，ファイルしたパンフレットの一部も，
定期的に合冊製本する。

(7) 保存

　中央図書館は地域資料を永年保存する。分館は「分館の地

域資料マニュアル」に示した期間保存する。

　調布市の行政資料は4冊（蔵書受入分3冊，保存分1冊）を目安として保存する。分館で除籍する際，保存冊数を下回らないよう，中央図書館へ移管する。

　また，地域資料以外を除籍する際，地域資料として保存が必要なものは，中央図書館地域資料担当に移管を打診する。

2.4 コレクション

(1) 映画資料

① 背景

　1933年，日本映画株式会社のスタジオ建設をきっかけに，日活，大映などの撮影所が調布市内に開設された。日本映画全盛期は映画が調布の主要産業の一つとなり，撮影所のほかに関連企業や監督・俳優などの映画関係者が多く集まった。現在も市内に日活調布撮影所，角川大映スタジオ，高津装飾株式会社など，映画関連企業が40社ほどある。ちなみに日本映画株式会社がスタジオ建設地を探すために，京都から派遣した撮影技師の本多嘉一郎氏は，後の第4代調布市長である。

② 資料収集の経緯

　調布市立中央図書館の移転開館計画時に，地域の特性を活かした独自のコレクションとして，映画資料の収集を決定した。調布市とゆかりが深い日活，大映，独立プロダクションの関係資料は網羅的に，他の日本映画関連資料は可能な限り，外国映画は主要なものを収集対象とし，図書に限らず，雑誌，

プログラム，ポスター，スチール写真，チラシなどを収集範囲とした。1989年に調布駅前の商業施設内に開館した「パルコ調布キネマ」（2011年閉館）に，上映作品の資料収集について協力を得た。また，『図書館だより』134号（1989年12月15日発行）に，市内在住の映画プロデューサー・市川久夫氏の「調布と映画」という寄稿文を掲載し，映画資料のPRと寄贈の呼びかけを行った。1993年に「映画資料収集方針」を作成し，1995年の中央図書館移転開館と同時に映画資料室を新設した。コレクションの中心となる図書は，貸出用，館内閲覧用，将来に備えての保存用として，可能な限り3冊の複本を受け入れることとした。映画愛好家，製作者や研究者など，映画に携わるすべての人に活用されることを目的としてコレクションを構築した。

③　現在の蔵書・利用状況

1995年に約5,000冊だった資料数は，現在は図書約32,000冊（撮影台本約3,000タイトル，パンフレット約2,700タイトルを含む），雑誌全115タイトル（廃刊・休刊を含む）14,000冊，ポスター約3,000種，スチール写真約6,200枚と増え，公立図書館としては国内最大規模の所蔵数である（2020年3月現在）。2019年度の映画資料（図書）の個人貸出冊数は8,261冊で，貸出全体の約0.3%だった。

2020年度に，特定非営利活動法人映像産業振興機構（VIPO）の文化庁委託事業である，「アーカイブ中核拠点形成モデル事業（撮影所等における映画関連の非フィルム資料）」の調査の対象となった。また，シネマコンプレックス「イオンシネマシアタス調布」（2017年開館）から，上映作品ポスターの寄贈

映画資料室

撮影台本

を受けている。資料の整理方法や展示について専門家から助言を受けるため，映画資料アドバイザーを配置している。

④ 活用

調布市は「『映画のまち調布』の推進」を市の主要事業の一つと位置づけている。1997年から2017年まで「調布映画祭」を，2019年からは市内に集積する映画・映像関連企業，団体と連携してリニューアルした「映画のまち調布シネマフェスティバル」を開催している。

図書館は実行委員会に参加するとともに，映画関連資料の展示「出張！映画資料室」（2017年までは「映画の図書展」）で参加する。映画祭の上映作品や映画賞受賞作品，市内の映画・映像関連事業所などについて，普段公開していない映画ポスター，台本，スチール写真，チラシ，物品を展示する。

2019年度映画のまち調布シネマフェスティバル内展示会場

(2) 水木しげる氏関連資料

『図書館だより』「"調布を描く"
シリーズ」 © 水木プロ

　調布市立図書館とマンガ家水木しげる氏のかかわりは，1982年の中学生夏休み講演会の講師依頼が始まりで，その後，原画展も開催した。1988年から『図書館だより』の表紙絵を依頼し，「"調布を描く" シリーズ」（128号（1988年7月25日発行）から156号（1995年3月25日発行）まで掲載）では，貴重な描き下ろし作品の提供を受けた。現在も水木プロダク

ションの協力を得て、おなじみの妖怪たちが『図書館だより』の表紙を飾る。

　また、1992 年には水木しげる氏より 100 冊以上の著作の寄贈を受けたことで、水木氏関連資料のコレクションが充実した。2008 年、水木氏が調布市名誉市民となり、2010 年に NHK 連続テレビ小説「ゲゲゲの女房」（水木氏の妻・武良布枝氏原作）の放映が決定したことから、中央図書館の名誉市民コーナーに水木氏作品の常設展示棚を設けた。また「ゲゲゲの女房」放映期間に、ドラマ展開に合わせた大規模な展示を行った。放映終了後も、映画化・舞台化が決定し、水木氏が文化功労者に選ばれたため、展示期間を延長し、その後も調布市の平和祈念関連行事などに合わせ、作品の展示を行った。

　2015 年 11 月 30 日に水木氏が逝去し、追悼展示を行った。翌年、中央図書館に水木氏の関連資料を集めた常設コーナーを設置し、妖怪キャラクターを使用したブックトラックとブックカートや、本を持つ「鬼太郎」をデザインした看板と、掲示板を持つ「ぬりかべ」の人形を作製し展示している。

| 資料 | 映画資料収集方針　第 2 版（2012 年 7 月改訂） |

1　目的

　調布には昭和 8 年に日本映画株式会社の多摩川スタジオが建設され、昭和 9 年に日活多摩川撮影所、昭和 17 年に大映撮影所が設立された。以後、独立プロや現像所などの映画産業が栄え、現在も様々な映画関連企業が調布に存在する。

　「映画のまち調布」の地域資料の一環として、日本映画、特に日活・角川大映撮影所に関する資料を中心に、映画に関する資料や映画制作に役立つ資料を幅広く収集することを目的として、「調布市立図

書館映画資料収集等に関する方針」を定める。

2　収集形態

映画関係資料のうち，次の資料形態のものを収集する。

(1)　図書

(2)　雑誌

(3)　チラシ

(4)　ポスター

(5)　パンフレット

(6)　新聞

(7)　スチール写真

(8)　その他の印刷資料

3　収集範囲

(1)　日活・角川大映撮影所ほか，調布の映画関連企業に関する資料，
調布と映画に関する資料

　ア　社史

　イ　経営・営業

　ウ　映画論，作品論，評論，作品解説，作品ガイド

　エ　映画史

　オ　映画館

　カ　俳優（映画，テレビドラマ出演者）の著作，伝記など

　キ　映画制作者（監督，プロデューサーなど）の著作，伝記など

　ク　映画人写真集，スチール写真

　ケ　アニメーション

　コ　制作，映画技術

　サ　台本，シナリオ，原作

　シ　社内報

　ス　映画祭

セ　映画政策

ソ　ロケ地

(2)　日本映画関係資料（松竹，東宝，東映ほかを含む）

ア　社史

イ　経営・営業

ウ　映画論，作品論，評論，作品解説，作品ガイド

エ　映画史

オ　映画館

カ　俳優（映画，テレビドラマ出演者）の著作，伝記など

キ　映画制作者（監督，プロデューサーなど）の著作，伝記など

ク　映画人写真集，スチール写真

ケ　アニメーション

コ　制作，映画技術

サ　台本，シナリオ，原作

シ　社内報

(3)　外国映画関係資料

ア　映画論，作品論，評論，作品解説，作品ガイド

イ　映画史

ウ　俳優，映画制作者などの著作，伝記など

エ　映画写真集，スチール写真

オ　アニメーション

カ　制作，映画技術

キ　台本，シナリオ，原作

(4)　映画技術について制作上の参考資料として歴史，民族，建築，
芸術について主要なものは収集する。上記 (2)，(3) についても同
様に収集する。

4 保存

　調布市立図書館の特別コレクションとして私達の世代で消費することなく，次代へ継承していくために保存を行う。特に，映画が主題となる資料について，一定期間を経過したものは館内閲覧資料として保存する。また，日活撮影所，角川大映撮影所ほか，調布に関する資料，資料的価値の高い資料，利用頻度の高い資料については，複本を購入し，保存を確実に行う。

2.5 資料提供の方法と工夫

(1) 新着案内

　1996 年に，新規受入れした調布市関係資料のリストをファイルして閲覧できるようにした。1998 年から「調布市立中央図書館　地域資料新着案内」を作成，利用者に配布した。現在は隔月で発行し，利用者だけでなく調布市議会議員や教育委員にも配付するとともに，調布市立図書館ホームページに掲載している。

(2) 空中写真

　撮影範囲を示した地図を写真の裏に貼付した。また，撮影範囲の地番を書誌データに入力し，年代ごとに整理した写真の一覧表を作成するなど，利用がしやすいよう整理した。

(3) パスファインダー

　問合せの多いテーマやトピックスに関する資料や情報を利用者が効率よく入手できるよう，2010 年からパスファイン

ダーを作成し，全館で配布，調布市立図書館ホームページで公開した。現在地域資料関連で公開しているものは，「地図の探し方」，国宝指定された深大寺の「白鳳仏について調べるには」，学生向けに相談先，病院の探し方，イベント情報をテーマ別に並べた「調布市暮らしの道しるべ」である。

　また，2019年から子ども向けパスファインダーを作成し，「調布の地図のしらべ方」，「調布の歴史のしらべ方」など，小・中学生が調査に使用できそうな資料をまとめ，全館で配布，調布市立図書館ホームページで公開した。

(4)　展示

　「調布市制60周年」，「深大寺」，「オリンピック」，「名誉市民」，「街歩きマップ」など，さまざまなテーマで資料を集め，展示を行っている。

　調布を舞台にした文学作品や調布に関連する事柄が紹介された資料の展示を行った際に，展示資料をまとめた冊子『調布発見　本の中の"調布"を見つけよう』を配布した。これを元に，調布市立図書館ホームページに「調布の出てくる本」のコンテンツを掲載した。

　映画資料室は調布市ゆかりの映画製作者・俳優の追悼や各種映画賞の受賞などにあわせて資料を展示している。また，「映画のまち調布シネマフェスティバル」でギャラリー展を行うほか，上映作品にあわせて全館で展示を行っている。

(5)　自主研究グループ

　職員の自主研究グループ活動（調布市の助成で業務時間外に実施）で，地域や地域資料について学ぶ機会を設けている。

64

調布市郷土博物館学芸員による講義や，地域のコミュニティ誌の編集者から体験談を聞く会，まち歩きの企画など，地域を知る機会としている。

　活動の一環として実施した，地域の写真をまとめた写真集の発行や，『調布今昔写真集』（調布市教育委員会，1974）の索引づくり，調布の盆踊りの解説書の発行など，その後の業務に活かされている。

(6)　地域資料連絡会

　調布関係の資料を収集する調布市立図書館，調布市郷土博物館，調布市総務課および調布市産業振興課で構成する。地域に関するイベントなどの情報交換，レファレンス事例の紹介など，地域資料（情報）に関する連絡調整会を年に 10 回程度行い，庁内に地域資料保存の重要性を訴える。

　2009 年に，4 課合同で「調布 Sai（再・彩）発見！－蔵出し！地域資料展」を開催した。図書館が 1978 年から収集している新聞折り込み広告や地域資料ポスター，郷土博物館所蔵のレコードや調布市作成の記念品，総務課所蔵の歴史的公文書や産業振興課所蔵のイベントグッズなど，地域にかかわるさまざまな資料を展示し，好評を博した。

2.6　自館作成の資料

(1)　『図書館だより』

　1968 年に広報誌『調布市立中央図書館報』の発行を開始した。名称は 13 号（1970 年 5 月 30 日発行）から『調布市立図書館報』，86 号（1981 年 5 月 15 日発行）から『図書館だより』

へ変更した。発刊当初は，表紙には調布の四季や年中行事を撮影した写真を掲載して，調布の「今」を記録する意味ももたせていた。年 4 回発行で，テーマを決めて特集を組み，図書館の業務やイベントの報告を掲載するほか，郷土史関係記事を連載する。

(2) 『子どものための調布市の歴史』

郷土史家・中西駿郎氏が『調布市立中央図書館報』1 号から連載した記事のうち，86 号（1981 年 5 月 15 日発行）から 113 号（1985 年 11 月 25 日発行）までをまとめ，小学生向けに表現を改めた。中西氏や調布市郷土博物館の助言を得て 1993 年に刊行した。当時は小学生向けの郷土資料は少なく，市内の学校で教材として使われるなど反響が大きかった。2001 年に第 2 版を刊行した。

(3) 『子どものための調布のむかしばなし』

『図書館だより』129 号（1988 年 9 月 25 日発行）から 194 号（2004 年 12 月 25 日発行）までの，日本民俗学会会員・中島恵子氏が連載した記事をまとめて作成した。調布市制 50 周年事業の一環として，2005 年に刊行した。

(4) 『酒井養淳 備忘日記』（正・続）

調布市にある西照寺の元住職・酒井養淳氏の，1944 年 5 月から 1949 年 12 月までの日記で，戦時中から戦後間もない頃の調布市内の様子がわかる貴重な資料である。所有者から複製の提供を受け，図書館で翻刻して 2005 年に刊行した。

(5) 『2008年5月18日避難その時，あなたは…－調布市
　　国領町不発弾処理避難体験談』

　2008年に調布市内の京王線国領駅付近で，第二次世界大
戦期の米軍の1トン爆弾とみられる不発弾が発見された。撤
去作業を行うため，現場から半径500m以内に住む市民約1
万6000人が一斉避難した。その際の体験談を市民から募集
し，2009年に刊行した。

(6) 『3.11地震その時，あなたは…－東日本大震災調布市民
　　体験談』

『3.11地震その時，あなたは』
表紙

　2011年に起きた東日本大震
災で，調布市は震度5強の揺れ
を観測した。当時開館していた
図書館でも，蔵書落下や施設破
損の被害があった。東日本大震
災の体験談や写真を市民から
募り，図書館の被害状況や調布
市内の写真など当時の記録とと
もに1冊にまとめた。調布市広
報課の記録写真や，総合防災
安全課，政策企画課の対応状
況に関する資料を参考資料とし
て掲載し，2013年に刊行した。

(7) 『調布市立図書館50周年記念写真集』
　中央図書館が開館した1966年から職員が残してきた写真
を1冊にまとめた。50年間の図書館の歴史と図書館を支え

た市民の息吹きが伝わる。現存しない市内の風景も写る貴重な地域資料で，2017年に刊行した。

2.7 デジタルアーカイブ（デジタル資料）

(1) 地域資料のデジタル化

1974年に，調布に関する人物や事柄を対象とし，新聞記事の切り抜き作業を開始した。2004年度から新聞記事のデジタル化を行い，図書館のほか調布市広報課や調布市郷土博物館が切り抜いたものを加えてデータベースを構築し，2005年に参考図書室内の専用端末で公開した。

データベースの収録範囲

資　料　名	件数（件）	収　録　範　囲
新聞記事	31,609	1956年から2018年まで
図書館だより	256	1968年から2020年春号まで
地域資料ポスター	1,543	1972年から2019年まで
映画ポスター	2,991	1939年から2019年まで

（2020年3月31日現在）

2013年「調布市立図書館デジタルコンテンツデータベース」（略称「調布デジコン」）サービスを開始した。公開済みの調布に関する新聞記事をはじめ，『図書館だより』や地域資料ポスター，映画資料ポスターなど，図書館が独自に所蔵する資料をデジタル化し，データベースとして利用可能にした。公開当初は，全館の業務用端末と中央図書館の専用端末のみで閲覧可能だったが，2016年からは全館の館内蔵書検索用

パソコンで閲覧可能である。2021 年度から『市報ちょうふ』
（1955 年 7 月から発行開始）を公開する。

(2)　調布市立図書館ホームページコンテンツ「調布についての情報」

ア　ちょうふ写真館

調布市内にある鉄道駅の昔の写真や，各図書館の開館当時の写真を紹介する。駅の写真は調布市郷土博物館のほか，京王電鉄株式会社や大成建設株式会社から借用した。

イ　調布の出てくる本

書名に「調布」を含まず，蔵書検索で探すことができない本をテーマ別に紹介する。書名，著者名のほか，掲載箇所と簡単な紹介文を載せた。WebOPAC の書誌情報にリンクを貼り，リストから本の情報へ直接アクセスできる。

＜紹介しているテーマ＞

・図書館　　　・宗教　　　　　・戦争
・歴史　　　　・ガイドブック　・民俗
・自然・環境　・産業・交通　　・芸術・映画・スポーツ
・文学　　　　・その他

ウ　調布の地図リスト

調布の地図や，調布の地図が掲載された資料を，主題別にまとめて紹介する。

(3)　市民の手によるまちの資料情報館

① 事業概要

市民が主体となって地域の情報を発信することを目的とした協働事業である。市民協力員（ボランティア）が担当のテ

ーマについて調査を行い，情報を発信する。

2004年度に文部科学省の事業委託を受け，電気通信大学の協力を得て，地域情報化の拠点としての取り組みを開始した。2005年度にホームページ「市民の手によるまちの資料情報館」を公開，2006年度からは市費事業として継続している。

調布市は2004年に「調布市地域情報化基本計画」を策定した。地域情報化を次のように説明する。

「地域の情報化とは，地域の住人である市民（生活者）が行うものであり，したがって日常的な生活や活動の場面で遭遇したり，直面したりしてきた問題や課題を，情報技術（IT）の手助けにより解決する新たな手法と位置づけています。」（一部抜粋）

② 発信している情報

＜現在公開しているテーマ＞

・映画のまち調布　　　・調布の石仏・野仏　　・調布の文学
・ちょうふ人間模様　　・調布人・大活躍　　　・調布の交通
・深大寺そば　　　　　・写真で見る調布の昔　・調布と戦争
・調布の樹木

「写真で見る調布の昔」は，調布市内の昔の街並みや建物など，現存しない風景の写真を掲載する。調布市立図書館ホームページ，ポスター掲示・市報などで広く市民に写真提供を呼びかけている。写真の提供者から，当時の貴重な体験談などが寄せられる。

③ 市民協力員による協力者会

市民協力員は，年10回程度の協力者会で，担当する調査

の進捗状況の報告や意見交換を行う。協力者会は図書館担当者も同席する。協力者会以外では，メーリングリストを活用し，情報交換や日程調整を行う。

協力者会の日程調整，調査内容の事実確認，調査に必要な補助資料の提供，個人では依頼が難しい取材先の調整，ホームページ更新作業の補助などを行う。

④ 課題

市民協力員の高齢化により，取材活動の継続が難しくなっている。また，市民協力員自身がホームページ編集作業を行えず，図書館担当者が代わって行う場合がある。市民協力員の人脈や知識を活かした取材方法の継承と，協力員のホームページ編集作業習得が課題である。

2.8 レファレンスサービス

(1) レファレンス体制

調布市立図書館では，全館のカウンターや電話でレファレンスを受け付けている。2019年度に全館で受け付けた件数は20,449件である。その場ですぐに回答する場合もあれば，1週間程度の時間をかけることもある。レファレンス関連業務は主に調査支援係が担当する。継続した調査が必要なレファレンスは，他係の職員も含め，複数の職員が調査する。分館だけで解決しないレファレンスは，中央図書館が引き継ぎ調査する。

また，調布市立図書館で解決しないレファレンスは，東京都立図書館や国立国会図書館へ協力依頼するほか，専門機関

へ問い合わせる。

(2) 地域についてのレファレンス

　中央図書館で受け付けるレファレンスのうち，約2割が地域に関する問合せである。収集している図書・雑誌・新聞記事・パンフレットなどの資料を参照し，課題解決にあたる。

　図書館資料だけで解決が難しいものは，調布市の関連部署や調布市内の関連機関などに問い合わせる。「水耕農場について」，「深大寺城について」，「近藤勇について」，「1964年の東京オリンピックで聖火ランナーが走ったコースについて」といった歴史的な調査は，調布市郷土博物館や行政資料を担当する調布市総務課などと協力して調査する。また，調布市の他部署や調布市議会議員などからのレファレンス依頼を，行政支援の一環として積極的に受け付ける。

　調布に関する専門図書館としてさまざまな資料を収集しているため，これらのレファレンスに対応することが可能である。また，対応したレファレンスを参考に，関連資料を新たに購入することも多い。レファレンスと資料収集は相互補完関係である。

(3) 映画についてのレファレンス

　調布市立図書館は，公共図書館としては全国有数の映画資料を所蔵する。そのため，市内だけでなく遠方からの来館や，海外からの問合せもある。問合せの内容も，「古い映画雑誌を見たい」という簡易なものから，「ある映画の特定のスタッフの詳細なプロフィールを探してほしい」というものまでさまざまである。レファレンスで執筆に協力した著作の寄贈

を受けることもあり，それがまた貴重な蔵書になる。

　市内に映画関連会社が多いことから，美術や小道具など，作品制作の参考になる資料の調査依頼がたびたび寄せられる。「1970年代の子どもの写真を見たい」，「昭和初期の警察官の制服はどんなものだったか」，「刑務所の中の写真はないか」など，多くの資料を駆使して，できる限り提供する。

(4)　レファレンス事例の活用

質問内容タイトル	日活多摩川撮影所建設時の土地の収用について
質問内容要旨	日活多摩川撮影所を建設するときの土地の収用に関する資料がみたい。かなり難航したというはなしを聞いたことがある。
受付日	2016年1月21日
質問種別(NDC)	778 映画
質問種別(NDC)	M
質問種別(NDC)	T
質問者	成人

回答事項

回答内容要旨	日活による農地買収に際し，新薬工場の設立という用途で買収が進められていた。そのため農民による反対があったが，調布市、地主、農業委員会等の説得により収束した。下記の参考資料を提供した。
回答様式	文献紹介
備考	農地を購入して農地以外に転用する際には、農地法により農業委員会および都道府県知事の許可が必要とされる。

調布市立図書館ホームページ　レファレンス回答事例より

　地域に関するレファレンスは，類似の質問が寄せられることが多い。レファレンス記録を図書館システムでデータベース化し，業務で活用している。2019年度に登録した事例244件のうち，地域（映画資料含む）に関するものが56件である。

これらのレファレンスは毎月地域資料連絡会で報告し，他部署との共有を行う。

　また，今後も参考になりそうな事例は，提供資料などの情報を調査支援係の職員が整理して会議で検討し，ホームページに掲載する。それらの事例は，調査後に新しく出版された情報を得た場合，随時更新する。

2.9 調布市立図書館の地域資料サービスの課題

　現状の課題は大きく 3 点ある。

　1 つ目は専門性のある職員の育成である。

　2020 年 3 月現在，常勤職員の 3 分の 2 を司書有資格者が占めているが，地域資料担当に必ずしも司書職員が配置されるわけではない。地域資料担当は地域行政や地域の情報・歴史に通じている必要があり，短期間の配置で知識や経験を積むことは難しい。事務職職員が行政部門の人脈や勤務経験を活かせる場合もあるが，事務職職員は他部署への異動があるため，司書職員の育成が望ましい。また，司書有資格者かどうかにかかわらず，できれば長期にわたって地域資料担当を担い，業務や研修を通して，地域に関する知識を蓄える必要がある。レファレンス事例の研究と公開作業などを，地域に関するレファレンスについての研修機会とし，職員を育成する。また地域資料担当を経験したことのある職員を増やし，地域情報に精通した図書館職員を増やすことが重要だと考える。

　今後の方策としては，地域資料担当以外にもその重要性を認識してもらうため，館内外での PR を続けながら意識の共有を進めることが必要である。

映画資料担当についても，専門職を長期的に配置すること
は難しくなっている。外部からの映画資料アドバイザー配置，
専門機関との連携などさまざまな工夫によって業務を推進す
るとともに，歴代の担当者の協力も得て，職員の育成に力を
入れたい。

　こういった館内での情報共有・職員研修・専門家招聘から，
専門的知識をもつ職員の不足の解消を目指していく。

　2つ目は資料保存のスペースである。

　地域資料の所蔵数は，他の蔵書同様年々増加している。ま
た一般に流通しておらず，改めて入手することが難しい替え
の効かない資料が多いこと，地域の専門図書館として保存す
る必要があることから，一般資料より除籍が難しい。ポスタ
ーや物品など，図書や雑誌よりも場所を取る資料もあり，資
料増加に伴う保存スペースの確保は大きな課題である。

　調布市内に保存スペースの拡大を引き続き目指している
が，現状では難航している。そのうえ，広範なレファレンス
に応えるためには近隣自治体や東京都の歴史資料についても
収集・保存しなければならない。そのため他市と連携した共
同保存について検討する必要があり，多摩地域の図書館長協
議会でも長年の懸案となっている。

　3つ目は予算である。

　継続的な資料収集や，長期的な保存のためのデジタル化や
劣化対応の処理，利用促進のための資料整理など，予算の獲
得が必要不可欠である。しかし，財政状況の厳しい中，安定
した予算獲得は年々難しくなっている。

　今後も予算獲得の努力は続けるが，一方で予算がなくても
提供できるサービスを考え充実させる。例えば，日々のレフ

ァレンス対応事例に基づいたパスファインダー作成や，ホームページでの情報発信などは今後も積極的に継続する。

2.10 おわりに

地域資料サービスは，その地域の公共図書館が担う最も重要な図書館サービスの一つである。しかし，実用書やベストセラーほどは貸出がなく，サービスを利用しない市民には重要性が理解されづらい。そのため，サービスの存在や重要性をアピールする必要がある。

調布市では，多くはないものの常に一定の利用がある。これは，レファレンスサービスや市民との協働をとおして，サービスの案内を続けてきたことの成果といえる。また，近年行政支援を重ねてきたことから，調布市の他部署が受けた地域に関する問合せへの回答に，図書館が協力する機会が増えた。今後も，日々の業務を地道に続けることが，市民からの理解やサービス利用の増進につながると確信している。

3章 地域と紡ぐ地域資料−桑名市立中央図書館の地域資料サービス

3.1 桑名市立中央図書館の概要

(1) 桑名市の概要

① 桑名市の歴史的背景

　三重県北部に位置する桑名市は，伊勢湾と木曽三川，養老山脈に囲まれた自然の恵みを多く受ける豊かな地域である。古来，陸と川と海の結節点として交易が発達しており，中世には「十楽の津」と呼ばれ，商人たちが自由に取引できる湊町として栄えた。また近世には天領の米や木材などが運ばれる物資の集散地，流通の拠点として機能した。

　江戸時代，桑名藩初代藩主となったのが，徳川四天王のひとり本多忠勝であった。忠勝は北伊勢の10万石を所領とし，桑名城と城下町を整備した。また，東海道42番目の宿駅に指定され，熱田宮宿（現在の名古屋市熱田区）までは東海道中唯一の海路「七里の渡」が制定された。伊勢国の東の玄関口である桑名は多くの人・物が行き交い，その様子は浮世絵や道中記・名所図会にも描かれている。

　幕末の戊辰戦争では朝敵となるも，明治期には商工業の近代化にいち早く取り組み，桑名の産業の礎が築かれ，経済が成長した。昭和中期以降は，近接する名古屋市のベッドタウンとして賑わい，内外から人々が集まる交流の多いまちへと

発展した。

2004（平成 16）年には桑名市，多度町，長島町が合併し，現在の桑名市が誕生した。市内には，国道 4 本，高速道路 2本，高速のインターチェンジ 5 か所，鉄道 4 路線がめぐり，人口 14 万余の都市としては過ぎたる交通網を敷く。

②　桑名発の文化と産業

「十楽の津」といわれた自治組織で運営された桑名は，その伝統からか町衆の力が強い風土がある。その代表が，江戸時代初期から続く"日本一やかましい"と言われる「石取祭」である。国の重要無形民俗文化財で，2016（平成 28）年にはユネスコ無形文化遺産（山・鉾・屋台行事）に登録された。約 40台の祭車を有する祭りは他に例を見ない。また，多度地域では南北朝時代から続く多度大社の上げ馬神事（県指定文化財）が脈々と続く。

将軍家御用となった「萬古焼」は桑名の商人沼波弄山の創始であり，美濃から運ばれる和紙を用い，1 枚の紙から何羽もの鶴を折る連鶴が，長圓寺住職魯縞庵義道によって考案されている。また，徳川家に祟ると言われた「村正」の刀や，鋳物の製造，そして，木曽三川と伊勢湾が交わる汽水域で育まれるハマグリなど，桑名の地を発祥とした伝統文化や産業が現在まで継承されている。

このような地理的そして歴史的背景から，桑名市は「人」，「物」，「情報」の多くが交わるまちに成長し，地域資料・地域情報が育まれ，蓄積されてきた。

(2) 図書館の概要

桑名市の図書館は，1951（昭和26）年，桑名市京町にあった庁舎内に閲覧室が設けられ貸出業務を開始したことから，その歴史が始まる。戦災で荒廃した中から，桑名市民の強い要望と寄付により図書館の設立が実現した。1959年の伊勢湾台風により多くの蔵書が流出し，一時閉館を余儀なくされたが，再開後幾度かの移転を経て，1973年に市役所旧庁舎（中央町）に移り，長く市民への図書館サービスを行ってきた。

平成に入り，文化・情報拠点としての図書館の役割は多様化し，また建物の老朽化等の課題の解決に向け，新たな図書館建設への期待が高まった。市民の要望も背景に，2004（平成16）年10月，日本で初めてのPFI（Private Finance Initiative）手法を用いた建設・管理・運営を行う官民協働の図書館として，桑名市立中央図書館（桑名市中央町3丁目79）が開館した。

図書館は，複合施設「くわなメディアライヴ」の3階・4階に置かれ，1階に自動閉架書庫が設置されている。3階を一般書，児童書コーナー，4階を参考図書，地域資料，IT・AVコーナーとし，各階南に屋外閲覧スペースの読書テラスを設けている。蔵書数は38万冊である（2020年3月現在）。

新設図書館では，「いつでも・どこでも・だれでも」を基本理念に掲げ，施設規模の拡大，夜間・祝日開館等，開館時間・日数の増加による施設利用の利便性が図られ，また，ITコーナーの設置と商用データベースの導入，古文書等貴重書のデジタル化と公開が実現した。蔵書数，利用者数そして個人貸出冊数は旧図書館のおよそ3倍となり，市内外から多くの利用者が来館している。

そのほか，市内には，市が直接運営するふるさと多度文学

館（桑名市多度町多度），長島輪中図書館（桑名市長島町源部外面）
があり，桑名市立図書館として相互利用が図られている。

3.2 桑名市立中央図書館の地域資料

(1) 資料の概要

　新設開館に伴い，郷土資料室「歴史の蔵」（約161㎡）が設
置され，古文書を含めた地域資料を保管している。当室は，
古文書に配慮して直射日光が避けられ，光源は紫外線防止，
空調・消火設備も独立した系列となっている。

　地域資料の収集範囲は，桑名を主題とした資料を中心に，
桑名とかかわりのある地域，事柄，人物などを扱った資料が
広域にわたって収集される。形態は，図書，雑誌，新聞，地
図，小冊子のほか，古文書，典籍，絵図，写真，音声映像資
料などであり，記録媒体に制限は設けていない。

　「歴史の蔵」に収める資料は，「三重県郷土資料分類」を採
用するとともに，郷土に関する細かなテーマを設定した自館
の独自配架によって管理される。またレファレンスや調べ学
習時に多様な資料へのアクセスを可能にし，資料提供の充実
を図るため，書誌データには地域情報を反映した独自件名（キ
ーワード）を付与している。

　そのほか，開架式の地域資料コーナーと，子どもたちが地
域資料を身近に感じ，調べ学習につなげられる児童向け地域
資料コーナーを設置している。

(2) 特別コレクション

　特別コレクションは，「秋山文庫」，「伊藤文庫」，「堀田文庫」，

「北村文庫」の4つの文庫で構成される。中でも江戸時代の桑名藩校「立教館」の蔵書を収めた「秋山文庫」は，桑名市がたどった歴史や当時の政治情勢などを知るうえで重要な書類が含まれる。

① 秋山文庫

　江戸期の桑名は，本多家の姫路への移封後，久松松平家が入り，5代藩主松平定綱の時代に文教を振興し，朱子学が栄えた。久松松平家は，3代から7代まで桑名藩主をつとめるが，7代定重のときに越後高田へ，その後奥州白河に移封となった。白河時代に，田安家から養子に入った松平定信は，老中として寛政の改革を行う一方，藩内では文教を奨励し，藩校「立教館」を設立した。その子，定永のとき桑名に再封となり，父定信の文武両道の教育が桑名に引き継がれた。

　白河から移された藩校立教館は伊賀町に設置され，広瀬蒙斎をはじめ，多くの教授が迎えられた。その中の一人，秋山白賁堂は，江戸の昌平黌に遊学し崎門学を修めた学者で，立教館の学頭に23歳で抜擢された。「秋山文庫」は，この白賁堂とその子寒緑・断3代の蔵書である。しかし，第二次世界大戦後に文庫は荒廃，さらに，1959年の伊勢湾台風によりその多くが流出し，当初は14,000冊あったとされる文庫は，わずか2,006冊となった。以降，入水本の修復や散逸本の購入を進め，1,290部，3,833冊を「秋山文庫」として所蔵している。

　「秋山文庫」の内容は，立教館で講ぜられた朱子学に関する版本が多く，松平定信関係資料，桑名藩関係の資料（写本）がこれに次ぐ。天明元年までの桑名藩士各家の略伝・由緒を

記した『天明由緒』，松平定信が家臣水野為長に命じ隠密裏に市井の風聞を収集させ書き留めた『よしの冊子』（寛政4年9月15日まで）など，貴重な資料を有している。

② 伊藤文庫

市井の豪商「伊藤家」蔵書で，江戸時代末期から昭和始めにかけての郷土史料，古典芸能，国文学関係を収める。和装本410部，1,302冊。

③ 堀田文庫

柳田國男に師事し，桑名市を中心に三重県で活動した民俗学者，堀田吉雄氏の蔵書で，民俗学に関する一般および専門書（5,479冊）や雑誌類（2,840冊，合冊仕様）を収める。

④ 北村文庫

桑名市（旧・多度町）出身児童文学作家，北村けんじ氏の著書とその原稿，児童文学関連同人誌（合冊仕様）で構成される。全国規模で収集・交換された同人誌は廃刊となったものがほとんどで，貴重な資料である。534部。

これら文庫の収録資料一覧は，桑名市立図書館ホームページで公開している。また，「秋山文庫」，「伊藤文庫」等，古文書類はデジタル化され，一部の資料が館内端末およびホームページで閲覧でき，館内ではプリントアウトサービスを実施している。開館10周年には，文庫の概略を解説した記念冊子『桑名市立中央図書館地域文庫コレクション』（2015.3）を発行した。

3.3 地域資料サービスの展開

(1) 地域資料サービスの業務分担

　桑名市立中央図書館は，官民協働で運営される図書館である。市（行政）は予算管理と運営方針の決定，SPC（特別目的会社）事業者が行う図書館奉仕および管理業務のモニタリング，また対外的調整業務や一部の奉仕業務を担い，SPC事業者は施設管理をはじめ，窓口業務を中心とした図書館奉仕業務を担っている。収集・所蔵資料の所有権は市が有している。

　地域資料サービスにおける主な業務分担は，市は資料収集方針の決定をはじめ，資料調査と収集，寄贈資料の受付と選定，地域および他機関他分野連携，郷土史講座の開催や広報活動，自館作成刊行物の編集・発行などを担当し，SPC事業者は窓口業務，調べ物相談，発注および書誌・所蔵登録等管理業務，おすすめ本コーナーの設置やパスファインダー等配布物の作成，ホームページやデータベース管理などを担当している。また，両者による地域資料サービスの展開として，共同事業「昭和の記憶」資料収集事業を企画している（後述）。

(2) 司書と学芸員による古書・貴重書の選定

　地域資料は，一般流通および頒布資料だけではなく，前節の文庫に見られるように，近世から近代の古文書や和装本，古地図，絵図などの歴史資料も調査のうえ収集される。

　『桑名市史』等既存の地域資料中に記録があるも，戦後所在が不明となった資料，伊勢湾台風時に流出したと考えられる資料は，その現存確認や流通の情報収集に注力している。近年に入手した特に重要な資料として，『久波奈名所図会』（義

道著，工藤麟渓書・画，享和2年），『勢州桑名城郭図』（奥平松平家統治期城絵図，79×83cm），『勢州桑名郡長嶋御領内村々繪圖』（享保7年地検，372×315cm）などがあげられる。

　古文書を中心とした歴史資料の取り扱いには，専門知識を必要とするため，収集には，所蔵状況を俯瞰的に把握する司書と，資料価値を見極め検証する学芸員のそれぞれの特性を生かした選定・調査が不可欠となる。桑名市立図書館では，市の司書と市役所の文化部署や博物館に所属する学芸員が協力関係を築き，資料調査にかかる相談を日頃から行っている。双方が資料選定を行い，資料の内容や価値の検証などをまとめ，桑名市立図書館図書等選定審査委員会において司書が調査結果を報告および解説して審議に諮り，審議結果のもと，図書館資料として受け入れるプロセスをとっている。選定および調査をはじめ，地域資料情報を両機関で共有することで，資料の相互利用がはかられ，展示会への出品や，研究および執筆活動へ発展することも多く，地域への情報発信，その還元へとつながっている[1]。

3.4 地域資料を活用した取り組み

　桑名市立中央図書館では，地域のさまざまな年代の人が地域資料・地域情報に触れるよう，自館資料を活用した多様な企画を提案し，実践している（基本的な図書の紹介展示は除く）。

(1) 講座
ア　郷土学習連続講座（全10回／年）
　　桑名市立中央図書館や桑名市博物館に所蔵する地域資料

を活用した郷土史講座。市学芸員を講師に迎え，郷土の歴
史や文化をテーマに初級講座から上級講座まで展開する。
イ　夏休み親子で桑名の歴史を調べる講座
　　郷土の調べ学習に取り組む子どもたちを応援する企画で，
郷土のテーマに沿ったさまざまな地域資料を実際に手に取
り，親子で"調べる体験"をしてもらう講座。講師は歴史
解説を市学芸員が務め，資料調査のプロセスを市司書がワ
ークショップの中で実践する。講座では，テーマの理解を
深めるための図書館オリジナル学習冊子を作成している。

(2)　連携

ア　桑名市立中央図書館×桑名市博物館連携企画
　　図書館と博物館の相互利用を促す取り組みとして，桑名
市博物館の年間の全企画展に合わせ，図書館において企画
展テーマに沿った一般書や地域資料，博物館展示資料の一
部を含んだ紹介展示の実施のほか，企画展担当学芸員によ
る出品資料の紹介や展示の見所を解説するトークイベント
を開催している。
イ　地域および他部署連携
　　郷土史家や地域の研究者の研究成果展示や講座の開催，
市関連部署による政策やイベントのPR展示など，地域の
話題と図書館資料を組み合わせた連携企画を実施。現在進
行形の地域情報を取り入れ発信する取り組みである。
　　例：図書館×防災・危機管理課「防災」
　　　　図書館×桑名警察署「交通安全」
　　　　図書館×ブランド推進課「桑名市魅力みつけびと」
　　　　図書館×子ども未来課「こども食堂」

図書館×生涯学習・スポーツ課「JAXA WEEK」

図書館×国土交通省木曽川下流河川事務所「木曽三川明治改修 130 年」

図書館×石取祭保存会「祭具装飾展」　など

(3)　資料紹介

ア　「くわな本」の連載（不定期）

　市広報内図書館情報ページや図書館だよりにて，地域資料を紹介する特集記事「くわな本」を連載している。執筆は市の図書館職員が担当し，桑名の歴史や文化・産業・人物について書かれている地域資料や，広報特集記事や市の行事・政策に関連するテーマの資料を取り上げて紹介している [2)]。

(4)　自館作成地域資料の発行

　当地固有の地域資料，地域情報を題材にした，図書館オリ

ジナル地域資料を発行している（不定期）。

ア　「桑名叢書」
　　桑名市立中央図書館，桑名市博物館等が所蔵する資料を
　題材とした，有識者の執筆による学術書シリーズ。
　a.『幕末の桑名』（桑名叢書Ⅰ．バーバラ寺岡著，上野秀治監修，
　　桑名市教育委員会，2006.3）
　　幕末戊辰戦争を中心とした桑名藩の立場や活躍を，桑名
　藩士の子孫から提供された未公開写真とともに解説。
　b.『天明由緒：桑名藩士の来歴』（桑名叢書Ⅱ．藤谷彰編集，
　　桑名市教育委員会，2008.3）
　　田安家から松平家へ養子に入った松平定信の命によって
　作成された藩士の由緒書の集大成。
　c.『連鶴史料集　魯縞庵義道と桑名の千羽鶴』（桑名叢書Ⅲ．
　　桑名市博物館編集，岩崎書店，2016.4）
　　寛政9年刊行『秘伝千羽鶴折形』の原点資料「素雲鶴」
　の発見から，義道に関する資料を網羅し解説した史料集。
イ　「図書館が伝える地域情報」（桑名市立中央図書館編集・発行）
　　図書館の課題や，地域の歴史・文化・産業などをテーマ
　に，市の図書館職員を中心に，市学芸員，郷土史家，関係
　者（個人・団体）などを交えて執筆，編集し刊行する図書
　館活動の記録集。
　a.『地域文庫コレクション』（2015.3）
　　開館10周年を記念して作成した特別コレクションの紹
　介冊子。新たに配属された図書館職員やスタッフが，自館
　の地域資料について学ぶ基本テキストとしても活用。
　b.『はまぐり・しじみを育む桑名の漁業』（赤須賀漁業協同
　　組合監修・協力，2016.3）

児童が地場産業について体系的に調べる地域資料が存在しなかったことから，図書館が自ら取材を行い，専門機関と協力して取りまとめ作成した調べる学習用冊子。ホームページに全ページを公開。

c.『鳥瞰図「西桑名」と在りし日の桑名』（2018.3）

　地域資料収集活動によって発見した鳥瞰図「西桑名」原画（吉田初三郎画，西桑名町商工会，昭和9年）を題材に，昭和時代の桑名の歴史，名所や建造物等を解説した資料（後述）。

ウ　地域資料の音訳

　桑名が主題となる地域資料の音訳図書。音訳作業は市内で活動する音訳ボランティアが行う。

3.5 「昭和の記憶」資料収集事業（2005年〜）

(1)　事業背景と目的

　桑名市立中央図書館では，2004年の新設図書館開館に伴い，古文書を中心とした地域資料のデジタル化と公開が実現し，旧図書館時代に収集された地域資料の整理業務が完了した。

　開館後，次代につなぐための地域資料サービスとして，当市のさらなる地域資料の充実を目指す「昭和の記憶」資料収集事業が始まった。

　この活動は，桑名の昭和時代の資料を収集し，失われつつある昭和時代の記録，そして記憶の風化を防ぐことを目的としている。なぜ昭和時代か，そしてなぜ風化を防ぐことが目的にあるかは，桑名の歴史が背景にある。

　昭和時代，桑名は二つの大きな災害を経験した。一つ目は太平洋戦争である。大都市名古屋に近接する桑名は，主要な

交通網が敷かれ，軍需工場が置かれていたことから，米軍の攻撃目標地の一つであった。1945（昭和20）年の桑名空襲により，市街地の90％以上が被災した。二つ目は，1959年9月26日に襲来した伊勢湾台風である。明治以降最多の死者数を出したこの大型台風は，暴風雨と高潮が長島地区全域，桑名地区の沿岸部を飲み込む惨禍となった。この二つの歴史的大災害により，昭和中期頃までに育まれてきた地域資料は，消（焼）失，散逸した。

　これらの出来事を背景に，市民の自宅に残る資料から，昭和時代の資料を見つけ出し，歴史の「空白部分」を埋めるための地域資料の発掘活動を開始した。まちに残る貴重な資料や情報が失われないよう，地域住民とともに資料を集め，後世に残していく取り組みである。

〈収集の目的まとめ〉

▶昭和時代の桑名の歴史の風化を防ぎ，後世に残す

▶市民との協働によって地域資料の充実をはかる

▶家庭に眠る昭和史を裏づける資料や新たな記録を発掘する

▶昭和時代の「記憶」を聞きとり，地域資料として記録する

▶世代交代による資料の消失，散逸を防ぐ

▶資料収集活動によって世代間コミュニケーションを促進する

▶『桑名市史』等既存資料の裏づけ，新たな市史編纂に向けての下準備

(2)　集めている資料

　収集する資料は以下のとおりである。

・戦前から昭和40年代頃までの桑名に関する印刷物，古写真，記録映像（絵葉書，行政資料，地図，絵図，商業資料，チラシ，展覧会目録，会社案内，観光案内，地方新聞，私家本，自治会資料，風景印，切符，時刻表，テレフォンカード等）

・当時の桑名の人が書いた記録，当時の桑名について書かれた記録
・聞き取りによる「記憶」の収集（市民の記憶や体験，思い出の聞き取り。記憶によって起こした地図や絵なども含む）

(3) 収集手順

① 窓口受付，現地調査

　対象資料は，古書店などで購入することもあるが，全体の9割が地域住民の提供による。図書館窓口へ持ち込まれるほか，市の図書館職員が個人宅や市内小・中学校，関係機関などに出向き，現地で現物を確認し収集する手段もとる。直接出向くことで，活動への理解を深めることもできる。また資料の所在情報は，所有者によるものだけでなく，類縁機関から情報提供を得る場合がある。旧家・商家での調査は，古文書類の発掘も期待できることから，文化部署と連携して分担収集を行い，収集資料の情報は，類縁機関と共有している。

　また，資料の特性によって，地域住民と情報を共有することもある。例えば大正から昭和初期にかけて多く発行された観光絵葉書は，収集家（コレクター）も多い。桑名の絵葉書は収集活動によって数百種が確認されているが，これらの収

集には地域のコレクターから情報を提供されることも多く，資料情報の共有が図られている。

②　受け入れ方法

資料は現物の寄贈，または借用（スキャニングのための一時預かり）によって受け入れる。所定の書類を用い，図書館への寄贈の意思，図書館および市関係機関，類縁機関等での活用と公開の可否，写真等の肖像権および著作権の確認を行う。

③　資料の管理

戦前の資料は保存容器（中性紙の袋・箱）や調湿紙を使用して保護し，資料室で保管する。借用資料はスキャニング後，管理用データベースへ取り込み，メタデータを付与して管理する。

(4)　記憶の聞き取り−資料価値を高める古写真を用いたオーラルヒストリー収集

聞き取りによる地域情報の収集は，テーマを設定した個別インタビューによる聞き取りと，古写真を用いた聞き取りに取り組んでいる。

テーマを設定した聞き取りでは，市の図書館職員と公募による市民ボランティアが調査員となって市内の語り部宅を訪問したり，図書館内で座談会を開くなどして，「戦争」，「伊勢湾台風」，「生活」，「商業」，「民俗」等をテーマに，主に戦前の証言・記憶を収集している。調査には，これまでに60人以上の市民の協力を得た。

また近年では，古写真を用いて，当時の出来事や思い出を

聞き取る"オーラルヒストリー収集"を実施している。古写真展開催時に来場者（地域住民）へ声かけし，コミュニケーションを通じて思い出や記憶を聞き取る手法である。

インタビュアーは，市の図書館職員および事業者スタッフ，市民ボランティア（歴史案内人，学生，教員など）が務めてきた。民間コーディネータの指導，助力を得て，基本的な聞き取りノウハウを習得しているが，インタビューには図書館員のレファレンススキル（インタビュースキル）が大いに発揮されている。

会場内で聞き取った記憶は即時個票に起こし，該当する古写真脇に貼付する。聞き取り時点では記憶内容の齟齬や誤りについては考慮せず，来場者によって情報が追加・修正されることも想定している。

得られる情報はとりとめのないものも多いが，何気ない思い出やおぼろげな記憶，そのエピソードから，当時の生活様式，人々の活動，まちの移り変わりなどの地域情報が，活字の記録以上に引き出される。特に，風景の場所の特定作業に効果がある。写真1枚の裏側も探り，記録に厚みを持たせて資料価値を上げる取り組みである。

聞き取った情報はいずれもテキスト化して保存するとともに，企画展示や図書館だより等，広報物の記事などで公開している。

(5) 資料の活用と公開－「昭和の記憶」収集資料展

事業では，収集した地域資料・地域情報の公開活動として，年に一度，「昭和の記憶」収集資料展を開催している。

資料展は市と事業者が共同で開催しており，両者による定例作業部会によって，テーマや企画内容が決定する。地域資料の中でどのような分野の資料を生かすことができるかを検討し，桑名の歴史・文化・産業のほか，時事や市事業，記念行事など，社会や地域の話題性を考慮した多様なテーマを掲げ，多角的な発信活動を展開している。

【過去のテーマ】

第 1 回　2006　桑名をみつめて

第 2 回　2007　桑名の交通と商い

第 3 回　2008　遊びをとおしてみる桑名

第 4 回　2009　収集資料展 1 ～ 3 回をふりかえって

第 5 回　2010　桑名の学校と教育

第 6 回　2011　自然災害からの復興

第 7 回　2012　桑名の食文化

第 8 回　2013　受け継がれる桑名の神事

第 9 回　2014　桑名の交通

第 10 回　2015　10 年の活動を振り返って

第 11 回　2016　伊勢大橋が見つめた桑名

第 12 回　2017　吉田初三郎鳥瞰図と在りし日の桑名

第13回　2018　うつりゆく桑名のまち並み
第14回　2019　伊勢湾台風60周年　防災意識をつなぐ
第15回　2020　15年の活動を振り返って

【資料展の構成（すべて主テーマを反映)】

1. 既存の地域資料を紹介

2. 事業で収集した地域資料の展示（モノ資料を扱う場合もあり）

3. 地域資料や地域情報について解説するパネル展示（自館作成）

4. 講座，講演会の開催

5. 多様な年代が参加できる企画の提案・実施

6. 関連団体・機関との地域連携企画の提案・実施

【過去の取組み例】

①テーマ設定背景，②資料展内容，③講座・講演会，④解説パネル内容，⑤連携団体等

〈**第5回　桑名の学校と教育**〉（**2010**）

①戦前の桑名で使われた教科書が多く提供された

②「秋山文庫」等藩校資料や戦前〜現在までの教科書の展示ほか，教育委員会を通じて収集した市内全校の戦前戦後の校舎や行事の写真，学校史，校歌を紹介。会場では全校歌を流し，昭和時代の学校の道具，小学生の遊び道具などを紹介して，多様な世代が地域資料に親しみを持てる企画構成とした。

③会場内に"教室"を設営し，有識者が戦前の桑名の教育について語る講演会・現役教員による「戦前の授業」を再現した講義を開催

④桑名の教育の歴史や学校の変遷，聞き取り調査を反映させた桑名の戦時下の生活や教育　などを解説

⑤市教育委員会，市内小中学校

〈**第8回　受け継がれる桑名の神事**〉（**2013**）

①第62回神宮式年遷宮（伊勢神宮）の催行

②桑名で執り行われた戦前〜現在までの式年遷宮関連行事ほか，石取祭や上げ馬神事など市内の祭事を地域資料によって紹介。地域の神社，氏子らの協力により祭事関連資料や祭道具を収集し展示を行った。

③郷土史家，市学芸員による，桑名の祭を解説する講演会を開催

④桑名で行われた式年遷宮関連行事，桑名の祭事・民俗を解説

⑤祭事を主宰する神社・地域の氏子・保存会・郷土史家・文化課・観光課・桑名市博物館

〈第9回　桑名の交通〉（2014）

①地元鉄道会社開業100周年

②市内を走る鉄道や道路などの古写真，戦前の時刻表や切符，路線図や観光図などの商業資料など，交通・鉄道関連の地域資料を通じて，桑名の交通の歴史に触れる展示会。地元鉄道会社と連携し，関連資料や物品の提供を受けたほか，鉄道シミュレーターや制服試着体験など子ども向けイベントを取り入れた。

③郷土史家，学芸員による桑名の交通・道にまつわる講演会を開催

④古代から現在までの桑名の交通の歴史，市内をめぐる道路・鉄道網の発達　など

⑤地元鉄道会社・郷土史家・鉄道愛好家・文化課・桑名市博物館・商工観光課

〈第10回　10年の活動を振り返って〉（2015）

①「昭和の記憶」資料収集事業活動10周年

②10年の収集活動で集まった地域の古写真を，テーマ（風景・生活・学校・戦災・伊勢湾台風・交通など）ごとに展示し，民間コーディネータの助力を得て，およそ250点の古写真を用いたオーラルヒストリー収集を会場内で実施。また，世代間交流を推奨する飲料メーカーのCSR事業を取り入れ，多様な形での来場者とのコミュニケーション活動を実現した。10年の活動報告とともに，今後の事業への協力・理解につなげる企画構成とした回。

③郷土史家による古写真を用いた桑名の昭和史講演会，市歴史専門官による事業意義を学術的に解説する講演会を開催

⑤民間飲料メーカー・民間コーディネータ・郷土史家・県内大学・
市教育委員会・文化課・桑名市博物館

〈第11回　伊勢大橋が見つめた桑名〉(2016)

①新伊勢大橋架橋工事の着工

②伊勢大橋架橋時（昭和9年）の諸書類や桑名の土木事業に関する
地域資料を通じて，桑名の昭和史を紹介。当時の市内の風景や建
造物の古写真展を開催し，オーラルヒストリー収集を実施した。
関連団体との連携では，国土交通省や団体から関連資料（工事部
品，解説パネル，配布物等）が提供され，職員による工事概況説
明を兼ねた講演，建設会社による子ども向けのイベント（濁水処
理実験）を企画した。また，伊勢大橋をテーマに調べる学習に取
組み，当市主催コンクールにおいて最優秀賞・地域賞を受賞した
中学生（受賞当時は小学生）による調べる学習の成果発表会を行
った。伊勢大橋にまつわる地域資料を通じて，多様な地域情報を
組み合わせて発信した回。

③郷土史家による昭和時代の桑名の建造物を解説する講演会，国土
交通省職員による工事概略を解説する講演会，調べる学習コンク
ール入賞者による成果発表会（作品紹介および解説）を開催

⑤国土交通省中部地方整備局北勢国道事務所・(一社) 中部地域づ
くり協会・工事に関わる建設会社・郷土史家・調べる学習コンク
ール入賞者

〈第 14 回　伊勢湾台風 60 周年〉（2019）

①伊勢湾台風 60 周年

②桑名の自然災害に関する地域資料を通じて，桑名の災害史を紹介。伊勢湾台風の記録写真展，被災体験の聞き取りや桑名の災害史をまとめた解説パネルを作成し展示した。防災関連部署との連携により，行政防災情報，防災啓発グッズ，専門機関による災害パネルなど専門的な地域情報を取り入れて発信。また地域防災研究の有識者を招いて防災講演会を実施した。図書館の災害に関する地域資料を中心に，新旧多様な地域情報を交えて発信した回。

③有識者による防災講演会を開催

④伊勢湾台風概略，桑名の災害史，子ども向け「台風のしくみ」ほか

⑤国土交通省木曽川下流河川事務所，防災・危機管理課

3.6 資料展開催の意義と目的

　図書館の地域資料の収集活動やサービスは，地域の協力によって支えられ，そして育まれていく。多様な視点で開催する，資料展をはじめとした企画の提案は，地域資料へ親しみを感じてもらうとともに，図書館活動への理解，関心につながる発信方法を意識し，意義をもって展開している。

(1)　提供資料を"見える化"

　地域の理解や関心につなげるための最も大切なパフォーマンスは，「資料を見せる」ことである。受け入れた資料は計画的に地域へ公開し，まずその存在を知ってもらう。展示による公開は，住民が自分のまちについて再認識（あるいは新発見）

するきっかけとなることはもちろんであるが，資料や聞き取り情報が，どのように活用され生かされているかが「見える」ことで，資料を提供した地域住民自らも図書館の活動に参加しているということを実感できる。収集から公開に至るまでの資料や情報の動きを"見える化"することで，新たな資料や情報の獲得にもつながる。

(2) 学術的側面から広域的な情報を発信

　地域資料や地域情報の解説は，学術的側面をもって発信する。例えば「伊勢湾台風」をテーマとした展示では，個々の災害の概要を説明するだけではなく，「近代以前からの災害史を概観」，「体験者の聞き取りを反映」，「既存の記録との照合」，「記録に対応する写真や資料は存在するか」，さらには「現在の災害への取組みはどこまで進んでいるか」など，既存資料や収集資料から得られた情報を用いて，広域的な視点で構成される。地域資料が「災害史」を検証する上で基礎的な資料となり得ることを，図書館員が実際にパネル作成に取り組むことで示している。

　解説パネルの作成にかかる調査や作業は図書館職員・スタッフが行うが，地域の郷土史家や市の学芸員の知識や検証も交え，基礎的な研究成果を付した資料となるよう作成している。地域の情報拠点，学術拠点として，信頼性をもつ情報発信，その成果物の完成を目指している。パネルは展示後，学校や自治会，関連部署への貸出も可能で，有効に活用される。

　また，一連の作業は，図書館職員の地域史の研鑽と知識の集積，自館資料への理解を育み，郷土史レファレンスのスキルを高めていく。

(3) 多様なテーマ設定による地域・他機関連携の実現

　資料展の開催は，地域連携，他分野連携の絶好の機会となり得る。多様な機関が交わることで，地域情報を多角的に発信することができる。例えば，「伊勢大橋」をテーマにした回では，図書館の地域資料を用いた地域の土木史の発信とともに，専門機関によって現在の工事への理解や技術の紹介といった，図書館単独では獲得し難い現在進行形の地域情報が取り入れられた。共通の主題をもつ異業種が交わり，役割分担を明確にして，「歴史」，「広報」，「専門情報」などといったそれぞれがもつ特性ある情報を，効果的に発信している。

　地域資料の主題の数だけ連携機関は存在する。他機関との交流が可能となる多様なテーマを設定することで，地域連携の機会が増え，協力関係の構築が期待でき，より充実した地域情報を発信することができる。

(4) 世代間交流の場を創出

　資料展は，さまざまな年代の人が図書館活動に参加できる世代間交流の場，その機会となる。

　資料展の中で実施したオーラルヒストリー収集活動では，図書館職員・スタッフとともに，学生や教員のボランティア

が参加し，来場者との世代を越えたふれ合いが効果的に実現している。来場者やボランティアからは，地域資料を用いた交流を通じて，「生まれ育った町について知ることができた」，「図書館の役割や機能への関心が高まった」，などの好意的な感想が寄せられている。コミュニケーションを介した図書館活動を通じ，地域資料への理解が深まることを期待している。

3.7 「継続は力なり」―"続けること"で得られた活動の成果

「昭和の記憶」資料収集事業は，2020年に活動15年を迎えた。積極的な資料収集，図書館員による能動的な資料活用と公開などの継続した取り組みは，図書館の活動実績として成長している。その成果は，地域の多様な場面で現れている。

(1) 組織の中での図書館への理解

地域資料には，自治体のまちづくりや広報，地域活性化につながる多くの資料・素材が含まれる。図書館の継続した収集と公開活動によって，地域資料の存在や役割が意識され，各課の業務にかかる調査相談をはじめ，資料提供や活用の機会は増えている。

組織の理解はさまざまな場面で現れており，例えば，各課が所有する昭和時代の刊行物や資料が事業整理ごとに図書館へ提供されたり，他課で保管されていた写真類が移管されるなどし，組織内で資料が柔軟に動き，保管庫としての役割も定着しつつある。また，図書館での情報発信効果も期待され，各課の事業や市の広報につながる地域情報の発信が，館内での連携展示として数多く企画されている（先述）。他部署との

連携は，現在進行形の地域情報を発信する有益な活動である。

　継続した取り組みによって，図書館機能の認識を高め，組織内での図書館活用へとつながっている。

(2) 異業種とのコラボレーション　地域で生かされる地域資料

　地域資料を活用した実践的な発信活動を継続することで，異業種からの関心が高まり，多様な資料活用の可能性が見いだされている。地域資料は図書館を飛び出して，地域のさまざまな場面で幅広く生かされている。

①　地域の空間創出に活用される地域資料

〈木曽三川下流地区広域観光連携協議会桑名住吉地区社会実験〉**(2016)**

　「地域の水辺空間において，多様な地域資源（飲食，船舶，観光，歴史など）をどのように生かすことができるかを模索する社会実験」への参加要請を受け，桑名を代表する水辺空間，住吉入江にて「クワナ・レンガ・アオゾラシアター」での資料活用を提案した。国指定名勝である諸戸氏庭園の煉瓦蔵で，収集古写真を用いた桑名の昭和史を振り返るスライド上映会を行い，情感あふ

れる空間づくりに図書館の地域資料が活用された[3]。

②　地元の"営業活動"で活躍する地域資料
〈地元銀行支店開業 100 周年　地域とともに歩んだ歴史を振り返るロビー展〉(2017)

　地元銀行の依頼を受け,市内 4 か所の銀行ロビーにおいて,支店を置く地域の歩みを地域資料（町並み古写真・年表・解説パネルなど）で紹介し,地域の移り変わりを懐古する出張巡回古写真展を開催した。図書館は資料提供（展示）を行う一方で,銀行側には,地元の顧客への営業活動時に,地域資料を活用した図書館活動の PR を依頼し,他分野の活動を通じて新たな資料提供者の開拓と収集が実現した。

③　課題解決のための地域資料
〈建設会社工事現場での特大パネル展〉(2017)

　新伊勢大橋架橋工事を担う建設会社から,「工事中,地域住民に工事への理解を求め,また工事現場や作業に親しみをもってもらうために,図書館の地域資料を活用したい」という要望を受け,工事現場での屋外展示を実施した。

　工事現場の仮囲い（万能塀）に,現橋の架橋当時（1934（昭和 9）年）の古写真,絵葉書,絵図などを活用した特大パネル（縦 1.0〜1.5m ×横 1.8〜4.5m,マグネット版）を掲示し,通行者に屋外での特別展示を楽しんでもらった。地域資料を通じて,異業種の課題解決を目指した取り組みである。

　特注特大パネルは建設会社が作成し,掲示期間を終えた後は,図書館展示で再活用されている。

これらの事例はいずれも，図書館の地域資料を通じて，地域住民に図書館と関係団体それぞれの事業への理解とその活動に親しみをもってもらうことを目的とした取り組みである。

　地域資料が，他機関の特性や強みを交えて活用されることで，図書館活動の広報の幅も広がり，資料の発信方法の無限の可能性を見つけることができる。地域の多様な機関においても地域資料活用への理解が育まれており，地域資料が，各分野の課題解決につながるツールになりえるということを意識してもらえている（すべての活動は，事業名（「桑名市立中央図書館「昭和の記憶」資料収集事業」を付して実施している）。

(3)　貴重資料との出会い

　当該活動における最大の成果は，自館資料の充実である。地道な資料収集活動と公開活動の積み重ねは，新たな地域資料との出会いにつながっている。その例を紹介する。

〈伊勢湾台風等災害記録写真〉（2005〜現在）

　当市における伊勢湾台風等災害記録写真は，関連部署においても保管がなく，事業開始以前は報道写真に頼っていたが，図書館の積極的な呼びかけによって，15年間で700点（未整理を含まず）を超える個人撮影の記録写真が住民から提供されてきた。住民目線で撮影された記録は報道写真に匹敵するものも多く，災害を検証する上で重要な資料群である。

　記録写真は，有志によって場所の特定作業も行われた。また防災関連部署や報道機関での活用をはじめ，資料の一部を当地で被害の大きかった地区の公民館と共有し，地域の自主防災活動などで役立てられている。

〈伊勢大橋橋台工事写真帖〉 (2014)

2015（平成27）年に伊勢大橋（1934年架橋）の架け替え工事が始まり，その前年に，現橋の架橋工事を記録した写真帖が持ち込まれた。当該資料は，内務省が1930年頃に記録し保管用に作成したものであることが推測できたが，提供者は土木関係者の縁者ではなく，「父親の集めていたものの一つで，蔵から出てきた」と話した。地域の貴重資料は，"思わぬところ"に存在する。

これまで当地では，架橋直後からの写真は残るが，工事過程の記録は確認できていなかった。近代の土木技術を知る上でも重要なこの資料は，地元の国土交通省地方整備局へ情報提供と資料共有を行い，資料を通じた協力事業も実現している（先述「クワナ・レンガ・アオゾラシアター」）。

〈吉田初三郎画鳥瞰図「西桑名」原画〉 (2015)

吉田初三郎（1884-1955）は，大正から昭和初期にかけて活躍した鳥瞰図絵師で，全国各地の鳥瞰図を手がけた人物である。初三郎が描く風景は，丹念な調査によって各地の地形や町並みを子細に捉え表現される。桑名の鳥瞰図は「桑名」（1934年），「西桑名」（1934年），「桑名市」（1938年）の3種があるが，当時の地形図と比較しても，道筋や建造物などの位置や配置に大きな差はなく，町並みは色鮮やかに着色され，戦前の桑名の姿をよみがえらせる。

2015年，市内小学校での地域資料調査の際に，鳥瞰図「西桑名」の原画（西桑名町商工会，1934年，絹本彩色，縦43cm×横194cm）を発見した。

原画が発見された小学校は，太平洋戦争時には校舎が焼け，また伊勢湾台風時には1.6mの浸水被害に遭った場所にある。

当時どのように保管され，被災を免れたかはわかっていない。

　原画の存在が確認されているのは，現時点で「西桑名」のみである。

〈その他の収集活動によって集められた特色ある地域資料〉
『天保十一年御上京一件』（第16代目藩主松平定和上京記録）
立見尚文家族写真（桑名藩士・陸軍大将）
木地師文書
民俗学者・柳田國男書簡
楽翁公没後100周年記念事業資料一式
諸戸清六関係古写真

　これまでの資料・情報提供者，事業協力者は延べ200人以上にのぼり，資料は現在も，継続的に地域住民から提供される。資料が図書館に集まる，そして託されるということは，活動を通じて，地域の人々が図書館の役割や機能を認識してくれており，そして応援してくれているのだと実感できる。地道な呼びかけの効果，継続した活動による成果は，新たな資料の発掘，資料の充実によって現れる。そして関係人口が増え，資料は地域で活用されている。
　「昭和の記憶」資料収集事業は，図書館と地域を舞台に，地域資料と地域住民の思いが交わる図書館活動として成長し，現在も展開されている。

3.8 資料ありてこそ―100年後の地域住民のために

(1) 時機を意識した資料収集

　桑名市立中央図書館の「昭和の記憶」資料収集事業は，地域史の空白部分を埋め，地域の課題解決を目指すための基本的な資料収集活動の一つである。この空白を埋める作業を続けてきたことによって，地域情報が充実し，地域に根ざした産業や文化，災害など地域固有の問題に焦点を当てた活動の展開が実現できた。

　収集活動には時機や好機がある。当該事業のテーマである昭和時代の資料収集には，意識すべき大切な意義がある。それは「今」が，この時代の資料をもつ人と，その記憶をもつ人が「同じ時代」に存在しているという，活動を展開する上で貴重な時機であるということである。

　収集活動は，資料点数の充実を目指す一方で，「資料内容の検証」にも重点を置く。現在の活動では，集まる資料と，その情報をもつ人が同じ時代に存在することによって，資料に対しての証言を交えた内容の裏づけや検証を，収集とともに行うことができる。

　例えば，鳥瞰図「西桑名」原画の発見後，すぐさま地域へ公開したところ，多くの住民が図書館へ足を運んでくれた。ある人は，「この建物の中にレストランがあったんや。親父に連れて行ってもらったわ」（活字の記録にない情報），ある人は「ここに描かれている電車のスピードは，子どもでも追い越すことができたんやで」（体験者の証言），またある人は「この絵（原画），小学生の頃，学校で見た覚えがあるわ」（存在した事実）と，資料にまつわるさまざまな感想を寄せてくれた。

収集活動は，資料という「モノ」だけを集めて残すのではな
く，その時代を生きた人々の記憶を添えて後世に託していく
ことを意識して行われている。当該活動は，資料の存在とそ
の資料がもつ背景について語ることができる地域住民ととも
に，今，活動することに意義をもつ。

　寄せられたエピソードは，現在80〜90代の人の証言であ
る。15年間の活動を経て，戦前・戦中の証言を直接聞き取
ることができる時間は残りわずかとなっている。

(2)　事業の点検

　積極的な収集活動には，課題や整理すべき点も多い。元号
は令和となり，「昭和時代」をいつまで探る必要があるのか，
資料やメディアの媒体やその価値が急速に変化し多様化する
中で，現物資料の収集は継続すべきなのかといった，時代の
変化に伴う課題をもつ。また予算をはじめ，人員配置や技術
継承，資料の保管場所の確保などの課題にも直面している。
点数の把握さえ困難な，膨大な現物資料の目録整理やデジタ
ル化，資料の柔軟な活用に向けたオープンデータ化など，個々
の課題や目標を段階的に解決していくための収集方針の見直
し，情報の取捨選択や記録媒体の検証，そして新たな計画設
定等，収集活動全体の事業点検が求められる時期にある。新
しい生活様式下，非来館型サービスの展開が期待される中で
の効果的な収集活動や発進活動とは何か，その議論は今後必
須となろう。

　活動実績や成果とともに課題を整理しながら，集めた資料
を確実に100年先の利用者に残していくための適正な計画設
定を行い，時代のニーズに対応するサービス展開を常に模索

する必要がある。

(3) 活動を記録し残す－『鳥瞰図「西桑名」と在りし日の桑名』の発行（2018.3）

　鳥瞰図「西桑名」の原画は，桑名の昭和史として深く刻まれる二大災害によって被災した場所で見つかった。この資料は「昭和の記憶」資料収集事業の活動意義やその目的を象徴する資料であり，桑名市立中央図書館を代表する新たな地域資料の一つとなった。

　そしてこの資料は，これまでの収集資料が生かされる，新たなサービスの展開へと導いた。

　桑名の昭和時代の風景・町並みとともに，その歴史をも俯瞰できる鳥瞰図は，これまで住民とともに収集した古写真や紙資料，聞き取りといった断片的な「点」であった地域情報を，「線」で結び，資料活用を深化させた。その特長を生かし，集まった資料を活用して，昭和時代の桑名の歴史を学ぶオリジナルの地域資料の製作へとつながった。

　資料の構成は，鳥瞰図の中に描かれた名所，町並み，建造物，交通網などを取り上げ，各場所に対応する古写真を図中

に落とし込み，それらにまつわる歴史を図書館資料や収集資料からひもとき，市民のエピソードを添え，桑名の昭和時代の歴史を視覚的に復元できるよう情報を整理，配置している。企画，執筆，デザイン，編集のすべてを市の図書館職員で行い，郷土史家や他部署に所属する学芸員も交え，内容を検証して発行した。

　住民とともに取り組む図書館活動は，地域で育んだ地域情報である。収集資料を題材にして作成された当該資料は，市民協働による一連の活動の記録であり，次代につなげる新たな地域資料へと形を変え，地域の学びに生かされている。

(4)　おわりに

　図書館は「資料ありてこそ」である。まち固有の地域資料があるからこそ，隣町にはない，その図書館独自のサービス展開の可能性を見いだすことができる。桑名市立中央図書館の地域資料サービスは，地域の協力による継続した資料収集とその積み重ねが根幹にある。

　その「地域資料」は，流通・頒布されるものだけではない。近年では，子どもたちが地域の産業について調べるための適切な資料が既存資料にはなかったことから，市の図書館職員が自らまちへ出て地域情報を取材し，新たな地域資料を，住民とともに生み出す取り組みにも挑戦している[4]。

　一方，収集した地域資料は自館だけの保存や活用に留めるのではなく，地域での将来的な活用の展開も期待して，その存在を発信することが大切である。地域資料がどのような研究材料になり得るか，地域情報のどの部分の裏づけとなっているか，どのような場面で地域の課題解決につながるかなど

を，図書館員自らが見つけ出し，その"活用術"を発信する。地域資料をさまざまな場面で生かして光らせることができる，地域と資料をつなぐコーディネート力は，ますます高めていくべき技量といえる。

　地域資料サービス展開の可能性は無限である。図書館設備やデジタル化などハード面のサービス提供は予算次第であるが，地域情報の発信や活用などソフト面のサービスは，図書館員の地域資料への愛着と，地域情報を地域へ還元する使命感によって充実させることができるのではないだろうか。

　図書館資料の中で唯一の"永久保存"資料である地域資料は，100年後の利用者に受け継がれていく。桑名市の地域資料サービスは収集活動を核としながら，これからも多様な形で，地域とともに紡がれていく。

注

1)　大塚由良美「久波奈名所図会考」『桑名市博物館紀要』第14号，2020.3
2)　石神教親「くわな本」『桑名市博物館紀要』第14号，2020.3
3)　国土交通省木曽川下流河川事務所　https://www.cbr.mlit.go.jp/kisokaryu/kyogikai/pdf/0723houkoku.pdf
4)　『はまぐり・しじみを育む桑名の漁業』　https://kuwana-library.jp/wp/wp-content/uploads/2016/03/hamaguri_sizimi-1.pdf

4章 モノと資料から考える今と未来
—瀬戸内市の地域資料サービス

4.1 はじめに

　岡山県瀬戸内市は，2004年11月，邑久郡の邑久町，牛窓町，長船町の3町が合併して誕生した。人口は36,938人（2021年2月1日現在），面積125.4㎢で岡山県の東南部に位置し，西は岡山市，北は岡山市・備前市と接している。

　2009年7月，図書館整備などを公約に掲げて3代目の市長に当選した武久顕也氏は，2010年10月に「瀬戸内市新図書館整備検討プロジェクトチーム」（以下「図書館PT」）を設置し新図書館整備計画をスタートさせた。筆者は，2011年4月から，全国公募された新図書館館長候補者として図書館PTの事務局メンバーに参加した。

　2016年6月に開館した瀬戸内市民図書館の大きな特徴は，図書館の地域資料といわゆる郷土資料館の博物資料を，計画的に編成される企画展によって融合的に陳列，展示しているところにある。本章では，財政的，物理的な制限の中で，瀬戸内市が図書館資料と博物館資料をどのようにして「地域資料」という属性で収集，保存，活用を進めていったかについてまとめた。

　なお，本章に掲載している写真は，全点，瀬戸内市立図書館より提供を受けた。

4.2 新図書館での地域博物資料展示の経緯

　新図書館整備用地は，市内中心部のいくつかの候補地を検討した結果，2011 年度末に「邑久郷土資料館」が立地する中央公民館敷地に整備することが決まった。

　「邑久郷土資料館」は，老朽化した旧中学校舎内に設置されていたが，積極的な運営をしていなかったこともあり[1]，年間来館者数は，1,000 人程度であった。建築後相当年が経過していることや耐震性にも問題があったため，解体して新図書館を整備する方向性が固まったものの，課題となったのは，「地域資料展示機能」をどのように維持するかであった。

　新図書館の「基本構想」段階の延床面積では，現状の郷土資料館で割かれている展示面積の 600㎡ を確保することは困難であり，また，別途新規に郷土資料館を設置することも財政的な事情から難しいため，地域資料展示機能のあり方を新図書館整備事業として検討することとなった。

　「郷土資料館」の機能を図書館で展開するには，司書の専門性だけでは限界があることから，2012 年度当初よりこの課題を解決するために学芸員[2]を兼務で新図書館準備室に配属した。配属された学芸員は，文献史学（中世）が専門で，2010 年度に新設開館した瀬戸内市立美術館の立ち上げにも携わっていた。旧邑久町時代に町史編纂の責任者として従事し，文化財保護行政にも長けたオールラウンダーで，社会教育課文化振興係との兼務とはいえ，適任の学芸員（現在専任の館長）を仲間に迎え入れることができた。

楽しめ，学べ，地域資料に出会える郷土博物展示を目指す

　郷土資料館機能をあわせ持つ可能性が見え始めた頃，筆者はさまざまな博物館，郷土資料館を視察していた[3]。基礎自治体が運営する郷土資料館には共通する特色があった。第一には，何らかの機能を有していた別の建物を転用していること，第二には，来館者がきわめて少ないこと，第三には，長い時代区分を網羅した展示内容ではあるもののほぼ常設展示のみで，キャプションなども開設当初のものと思われる古びた説明がメンテナンスを受けることなく施されていることであった。

　図書館建築として一体的に併設されている郷土資料館も視察した。若干の企画展も展開していたが，図書館のエリアが来館者で賑わっているのとは対照的に，展示を見る人のない資料館の閑散とした雰囲気が際立っていた。

　その地域にしかないユニークな文化財を収集し，保存し，活用することは，社会教育行政という観点からもきわめて重要な仕事である。それらは，求める住民の多寡にかかわらず，文化財保護法で守られるべき文化財を筆頭に，基礎自治体の教育文化行政として不可欠なものである。

　ただ，これを展示するという文化財活用の面においては，意欲的な仕事をしている自治体はあるもののそれほど多いとは言えない。また，大変力のこもった展示を展開している郷土資料館においても，集客という面では苦戦を強いられていた。その土地にとってかけがえのない，重要かつ唯一無二な文化財も，住民の知的，文化的ニーズとはなかなかマッチしないという現実があることを認めないわけにはいかなかった。

そこで，新しい図書館で，地域郷土博物資料を展示する意義を考察するとともに，そのあり方について検討し，以下のような基本方針を構想した。

①地域・郷土資料の網羅的な常設展示はしない。

②常設展は，瀬戸内市のプロフィールとなるような歴史，文化についての展示などに限定する。

③新図書館内の随所に，延べ300㎡程度のスペースを地域資料展示スペースとして確保し，博物資料と図書館資料を融合的に展示する。

④展示内容は，年4回程度の企画展として展開する。

⑤文化財等の普遍的価値の紹介も踏まえつつ，それらの現代的，将来的な意味を照射する企画とする。

　上記のような基本方針を踏まえ，2011年度後半から市民との協働で検討を進めていた「新瀬戸内市立図書館整備基本計画」の中に盛り込むべく，「郷土学習機能計画」として郷土資料館機能の事業構想を検討した。学芸員と筆者を中心に計画の骨子を作成し，その素案を新図書館整備検討のために実施していた市民ワークショップ「瀬戸内市としょかん未来ミーティング」で説明し，市民からの意見も聞き取った。

　市民の中でこの議論を牽引したのは，アマチュア人形劇団を構成する市民グループであった。瀬戸内市は，竹田喜之助という糸操り人形の世界では著名な人形作家の出生地であり，この喜之助人形を邑久郷土資料館で保存展示をしてきたことに加え，複数のアマチュア人形劇団が，毎年夏に開催される人形劇フェスティバルでの上演などの活動を展開していた。そのため，市民ワークショップでは，特にこの関係者から人形劇文化の保存と発展について具体的な意見が活発に出

された。

　この基本構想では，さまざまな目的で来館した多様な市民が図書館内を回遊するうちに，自然と瀬戸内市の地域郷土資料としての博物資料や図書館の地域資料を見つけ，思わず目にとめているうちに，瀬戸内市の歴史や文化について，「知ることになる」という来館者が意図しないモノと資料との出会いを演出したいと考えた。それは，「気づいたら見ていた」という楽しめる展示であり，目にとまったもののユニークネスから，瀬戸内市の独自性を学べる，といった出会いを創ろうという理想を追うものである。

4.4 「新瀬戸内市立図書館整備実施計画」の中の「郷土学習機能計画」

　2013年3月に公表された「瀬戸内市としょかん未来プラン」（新瀬戸内市立図書館整備実施計画）[4]に盛り込まれた「郷土学習機能計画」には，その「目的と意義」について，以下のように記されている。

(1)　設置の目的と機能

　郷土を愛し，地域づくりに積極的な人材を育成するためには，瀬戸内市はどんなところか，地域には何があるのかについて学べる環境が必要である。そこで「歴史はまちのプロフィール」との認識のもと，地域の歴史・文化に対する興味・関心を高め，身近に感じられるよう郷土資料を提供する。また，郷土の歴史，文化に学ぶことで現在を認識し，その過去や現状から未来を展望するために必要な資料の整備と図書館

116

資料との融合展示を図り，もって当市の教育と文化の伝承，発展に寄与する。

(2) 図書館内に郷土資料を融合設置する意義

　図書館内に郷土資料展示を融合させることで，これまで単独資料として存在した現物資料を，それに関連する図書館資料と関連づけて展示することにより，より広がりのある学習情報を提供することができる。また，こうした資料をもとに得られた学習の成果を資料集や掲示物として館内（エントランス等）に展示することで，学びの成果を市民が共有することができる。

　また，「図書館機能と郷土資料展示機能が相乗効果を生む事例」として，以下のような事例を想定した。そうした活動が醸成されるようなかかわりを市民との間につくられるよう，司書や学芸員がコミュニケーション力を高めていくことにも留意した。

・まちづくりに関心のある市民が，地域特性について図書館資料を調べに来た際に，隣接する郷土資料によって文化や歴史に触れることでより理解を深めることができる。

・子どもたちの郷土歴史学習の機会には，現物資料と図書館資料の両方から学びを得ることができ，図書館の「学びのスペース」で学芸員のレクチャーを受けたり，その場で学習のまとめをすることもできる。

・地域素材を使って商品開発（S級グルメ等）[5]する際には，ブランドづくり活動に必要なネーミング辞典や地域資源活用事例などの図書館資料が役立つが，同時にその地域の歴史や文化特性を郷土資料によって再発見し，その地域なら

ではの，ブランドづくりの企画に役立てることができる。

・観光資源とも言える郷土資料を図書館資料と合わせて展示することで，観光案内所として図書館を魅力的に機能させ，観光客が市内各地の魅力を発見する拠点として機能することが期待できる。

　なお，新図書館で取り扱う郷土資料の定義を以下のように整理した。

　郷土資料とは，本市に関する歴史，文化，経済，産業等に関する資料であり，過去や現状を知り，将来を考える上で有効な財産となるものであり，市民の共有財産であり，知的資源である。郷土資料を適切かつ継続的に収集・整理・保存・提供することは，本市の責務であり，市民の知る権利を保障するものである。

　次に，瀬戸内市が保有する文化財の概要を「郷土学習機能計画」から確認する。

(3)　瀬戸内市の郷土資料のあらまし

　瀬戸内市は，県，国の指定文化財件数が，岡山市，倉敷市に次いで第3位という県内でも有数の文化財の宝庫であった。それらを総合的に活用・紹介する施設はないことから，新図書館での取り組みはきわめて重要な意味をもつものであった。また，歴史的公文書など記録資料を総合的に収集・保存する公文書館機能をもった施設もないことから，現有公文書を管理する総務課との連携の下，歴史的公文書の保存という使命も同時に目指すこととなった。瀬戸内市の保有文化財のあらましと，展示施設の概要を以下に記す。

① 瀬戸内市の指定文化財

指定文化財については，図書館内で実物を扱えないものも多いので，写真パネルによる紹介やデジタルデータによる活用を中心とする。

・国指定重要文化財・天然記念物…計20件（うち国宝1）
・岡山県指定重要文化財…38件
・瀬戸内市指定重要文化財…70件
・国登録有形文化財…17件

② 邑久郷土資料館

邑久郷土資料館は，1983年4月，旧邑久中学校3階建て校舎（1962年度建築）の2階，3階の教室，9教室を活用し，邑久町（瀬戸内市）文化財保護条例の趣旨に基づくほか，町民（市民）の教育，学術および文化の発展に寄与することを目的として設置された。特徴的な展示として竹田喜之助の糸あやつり人形を紹介した喜之助記念室と，国指定史跡門田貝塚の貝塚断面をパネル展示した門田貝塚資料室がある。竹田喜之助は瀬戸内市出身の世界的な人形師であり，喜之助を顕彰した人形劇イベントの「喜之助フェスティバル」も開催されて瀬戸内市の特色となっている。また，門田貝塚をはじめとする考古資料は，郷土史研究家の長瀬薫が収集したコレクションを継承しており，県内でも有数の資料を有している。

なお，邑久郷土資料館における実施事業として，以下のような事項が整理されている。

a）郷土の歴史，考古，民俗，美術工芸等の資料及び参考資料の収集，保管及び展示に関すること。
b）資料に関する専門的及び技術的な調査研究に関すること。

c）展示会の開催に関すること。

　d）学術研究の指導相談に関すること。

　e）前各号に掲げるものの他，地方文化の振興に資する事
　　業に関すること。

　また，「展示室」として，以下のような居室が配置されて
いた。

【3階　喜之助記念室】

　・命を吹き込まれた人形たち：2部屋

　・喜之助フェス記念室（人形劇の祭典喜之助フェスティバル）：
　　1部屋

　・郷土資料室（邑久町地域の文化・知識人の足跡）：1部屋

　・民俗資料室（生活用品から垣間見るくらしと産業）：1部屋

【2階　考古資料室】

　・考古資料から垣間見る原始・古代のくらし：3部屋

　・門田貝塚資料室（吉備を代表する弥生時代の貝塚）：1部屋

　　【合計平面積601.3㎡】

　なお，旧邑久町地域のその他の展示施設としては，門田貝
塚史跡公園（門田貝塚（国史跡）の弥生時代のムラを復元住居等
で紹介），夢二郷土美術館分館（私立）（竹久夢二の生家と復元さ
れたアトリエで作品と人物を紹介）などがある。

　③　瀬戸内市のその他の展示施設

【長船町地域】

　a）備前長船刀剣博物館 ・・・ 全国唯一刀剣専門の公立博物館

　b）備前福岡郷土館 ・・・ 中世の「備前福岡の市」を中心と
　　した長船町福岡地域の歴史，旧平井医院の医療関係資料
　　を展示

c）須恵古代館 ･･･ 長船町須恵地域を中心に長船町の遺跡・
　　　考古資料を紹介展示
【牛窓町地域】
　　a）瀬戸内市立美術館 ･･･ 佐竹徳画伯の作品を中心に瀬戸
　　　内市内外の美術作品を展示
　　b）牛窓海遊文化館 ･･･ 朝鮮通信使と牛窓だんじりを中心
　　　に牛窓の文化を紹介・展示
　　c）寒風陶芸会館 ･･･ 寒風古窯跡群（国史跡）から出土した
　　　須恵器の展示や陶芸体験のできる専門の観光施設
　　d）街角ミュゼ ･･･ 旧中国銀行牛窓支店（国登録文化財）を
　　　利用した展示施設
　　　地元有志を中心に主に牛窓に関連した作品を展示
【郷土資料の保有量】
　・考古資料　邑久郷土資料館，旧長船調理場他　計コンテ
　　ナ　約2,490箱
　・古文書等　邑久郷土資料館等　計文書保存箱　約250箱
　・民俗資料　邑久郷土資料館，旧牛窓民俗文化資料館等
　　計約3,000点

　以上のような文化財をはじめとする地域博物資料を図書館
においてどのように活用していくのかについて，「郷土学習
機能計画」では以下のように示されている。

(4)　新図書館における「郷土学習機能計画」の基本方針

　郷土の歴史，文化を学ぶ意義は，単に「過去を知る」こと
にあるのではなく，地理特性や先人の営みの結果としての現
在を知り，歴史的事実や文化の知恵に学ぶことによって未来

を展望することにある。新図書館に設置する郷土学習機能は，瀬戸内市を形づくった先人の営みを全方位的に見つめ，市民がそれぞれの関心を手がかりに，まちを知り，自身や地域社会の未来を展望することに寄与するものとして整備し運営することを目指した。その際，まちの「よいところ」だけでなく，「負の歴史」も示し，その学びから将来を展望できるようにすることを重視した。指針となる項目を以下にあげる。

①郷土歴史資料が，各世代にさまざまな気づきや学習素材を提供できるよう整備する。

②課題解決には現状把握が必要であり，現状を知るには歴史を知る必要がある。その学習基盤として機能する。

③図書館機能との融合により，郷土・歴史資料としての「現物資料」から多角的な学びを得られるよう，図書館資料を効果的に配し，市民の興味関心を喚起するとともに幅広い年代層の学習機会を保障する。

④市内各地域の伝統・文化を継承するための情報センターとして整備する。

⑤子どもの郷土学習に役立つよう展示等を工夫し，学習成果発表のスペースを用意する。

⑥郷土資料の調査・研究，収集，展示普及，保存管理を行い，有効的に活用するため，専任の学芸員1人と司書兼学芸員補（臨時職員）1人を配置する。

(5) 郷土資料部門が「郷土資料」として扱うもの

「郷土学習機能計画」の基本方針を踏まえ，新図書館での郷土資料として扱う博物資料の具体的なカテゴリーについて整理した。

- 図書のうち郷土に関するもの
- 瀬戸内市の行政刊行物（岡山県全体を扱った資料も一部含む）
- 郷土ゆかりの人物に関する資料
- 竹田喜之助の糸あやつり人形，喜之助に関する資料
- 発掘調査等で収集された考古資料
- 農具・漁具・生活用具などの民俗資料
- 古文書・歴史的公文書，写真，録音・映像記録などの記録資料
- 上記をデジタル化したデータ等

4.5 「せとうち発見の道」－瀬戸内市の過去・現在・未来

(1) プロフィールとしての常設展

2016年6月にオープンした瀬戸内市民図書館「もみわ広場」はL字型の形状で，来館者がエントランスを抜けるとカフェスペースに誘われる。その先のコーナー部分がサービスカウンターで体を右に向けると常設展「せとうち発見の道」がある。

地域郷土資料展示の常設はこのエリアのみで，瀬戸内市を紹介する展示内容となっている。180cm四方のパネルボードには，瀬戸内市の1万年の変遷を表した年表，自治体としての瀬戸内市に至るまでの沿革を記した一覧，市，県，国の指定文化財の名称と写真，瀬戸内市の全図を記したボードから構成されている。

1階の開架フロアの中に設置された「せとうち発見の道」

「せとうち発見の道」近くに設置されている床下展示

　コーナーを構成するフレームの一角に，書棚が設えられており，ここに旧町の町史，文化財マップ，市勢要覧などの行政資料を配架，展示している。また，木製天板のショーケー

スには，新図書館建設工事前に行った埋蔵文化財調査で出土した，弥生中期の土器を展示している。さらに，このコーナー付近の床下に，隣接する中央公民館が建設される際に行った発掘調査で出土した同時代の土器を，発掘時を再現した形で展示している。

(2) 民具など民俗資料の展示と活用

「せとうち発見の道」を建物奥に進むと，大きな閲覧テーブルと開架書架が並列して構成されている。その両者を分岐させる位置に，細長い陳列台を使って懐かしの民具や生活道具を展示している。従来の民俗資料として紹介するとともに，回想法としての効果をも狙っている。回想法とは，1960年代にアメリカで始められ，日本でも主に医療機関や介護施設などで取り組まれてきた心理療法・非薬物療法の一つであるが，昔の記憶を引き出すことで高齢者の脳を活性化させ，認知症を予防したり，進行を遅らせたりする効果があるとされている。

展示物が，多くの来館者が行き来する動線に沿って陳列されているため，来館者は予期せずにその展示を目にすることになる。

展示はケースカバーを付けずオープンな形で行っており，いわゆるハンズオン（触る・体験する展示手法）のスタイルをとっている。モノを前に語り合うだけでなく，触感から過去の記憶をより鮮明に蘇らせることが期待できるし，使い方を体が覚えている「手続き記憶」を呼び起こすことができると考えられるからである。実際に，高齢者同士の来館者がそうした民具を触りながら懐かしそうに会話をする場面がよく見

られ，「図書館に来て，こんなものが見られるとは思っていなかった」などの声も聞かれる。

　こうした民俗資料を活用した図書館サービスとして，市内高齢者施設への移動図書館巡回による「地域回想法」の取り組みを行っている。新図書館開館以前の 2014 年 10 月から，移動図書館「いきいき☆おとどけ便」の巡回を開始し，市内 24 か所中，希望のあった 15 か所の通所・入所の高齢者施設に月 1 回訪問し，個人，団体貸出と，昔ばなしの絵本や，紙芝居の「おはなし会」を実施している。そうした施設の中で希望のあったところで，民具を使った「地域回想法」を学芸員が行っている。さまざまな民具等をもっていき，高齢者の話を引き出す取り組みは施設にも好評で，普段あまり言葉の出ない高齢者が生き生きと思い出を語る様子が，入所・通所している高齢者に広がっている。

1 階の閲覧スペースの一角に展示されている生活民具

高齢者施設で行われている「地域回想法」の様子

(3) 過去と現在をつなぎ未来を展望する企画展

　2016年6月1日，瀬戸内市民図書館の開館とともに，地域資料サービスとしての地域資料企画展が年4回のペースで始まった。展示企画は，さまざまなアプローチから瀬戸内市のことを知ってもらうことを念頭に，できるだけ市民にとって身近な内容を志向した。

　例えば第1回目は，古代の製塩土器が出土している瀬戸内市では塩業が盛んであったことから，2016年6月1日から「塩とわたしたち，塩づくりと瀬戸内市」と題した企画展を実施した。塩づくりの歴史から瀬戸内市の古代を振り返りつつ，塩の効能や調味料としての魅力など，幅広い視点で説明パネルや図書館資料を展示した。また，同年9月1日の「防災の日」からは，東日本大震災の記憶も新しいことから「瀬戸内市 災害の記録−今一度考えよう，防災」を企画した。災害の少ない岡山県と言われるが，瀬戸内市のこれまでの災

害を知ることで，さまざまな災害を身近なものとして考えてもらおうと，危機管理課および消防本部との連携で企画構成を検討した。

企画展①

期　　間	平成 28 年（2016）6 月 1 日～8 月 30 日
タイトル	塩とわたしたち，塩づくりと瀬戸内市
趣　　旨	塩はわたしたちの暮らしに欠かせないものです。瀬戸内市では，古くから塩づくりを行っており，製塩遺跡も多く残っています。特に師楽式土器という名称があったほど，製塩土器は多く出土しています。中世には年貢を塩で納めた裳懸庄があり，近世以降は沿岸部に塩田もつくられました。戦後の錦海塩田は大事業でしたが，塩田跡地の利用は長い間の懸案でもありました。あらためて塩とくらしの関わり，瀬戸内市と塩づくりの関わりについて振り返ってみたいと思います。

企画展②

期　　間	平成 28 年（2016）9 月 1 日～10 月 30 日
タイトル	瀬戸内市 災害の記録～今一度考えよう，防災～
趣　　旨	9 月 1 日は「防災の日」です。これは，大正 12 年（1923）9 月 1 日に起こった関東大震災にちなんで定められたものです。平成 23 年（2011）の東日本大震災以降，防災に対する関心が高まっていますが，災害が少ないと思われている岡山県では，防災意識がまだまだ低いと言われています。この展示では，瀬戸内市における災害の歴史をふりかえります。瀬戸内市でも，浸水や高潮など，水による災害を多く経験しています。これからの防災を自分たちのこととして考えるきっかけになれば幸いです。
備　　考	瀬戸内市危機管理課及び消防本部との連携企画

企画展③

期　　間	平成 28 年（2016）11 月 1 日〜平成 29 年（2017）2 月 26 日
タイトル	酒と人と地域と
趣　　旨	米と水を原料として造られる日本酒は，米作りが長い間主要な産業であった日本の，わたしたちのくらしと深く関わりながら親しまれてきました。 　日本の各地では，土地の米や水を生かした地酒が生まれましたが，瀬戸内市でも江戸時代から酒造りが行われてきました。この展示では，瀬戸内市の酒造りや，酒器のイロイロをご紹介します。
備　　考	岡山県立記録資料館,県内資料館・図書館との連携企画（酒） 11/5 に岡山県立記録資料館より出張講座あり

企画展④

期　　間	平成 29 年（2017）2 月 28 日〜 5 月 30 日
タイトル	瀬戸内市のやきものと窯
趣　　旨	粘土などを焼いて作る「やきもの」は，食器，花器，瓦など，わたしたちの暮らしに欠かせません。歴史をたどれば，瀬戸内市は古くから「やきもの」の生産が盛んな地域でした。とくに，備前焼（びぜんやき）のルーツとされる古代の須恵器（すえき）は，窯（かま）が次々と築かれ，中国四国地方で最大規模の窯跡数を残しています。現代でも，多くの陶芸作家が市内で作陶しており，江戸時代から続く「虫（むし）明（あげ）焼（やき）」も，200 年以上の歴史を重ねています。そんな瀬戸内市の「やきもの」と窯について，歴史と今をご紹介します。

企画展⑤

期　　間	平成 29 年（2017）6 月 1 日〜 8 月 27 日
タイトル	竹田喜之助と瀬戸内市の人形劇文化
趣　　旨	竹田喜之助は，瀬戸内市が生んだ世界的な糸あやつり人形師です。瀬戸内市では，竹田喜之助の偉業を顕彰し，

趣　旨	人形劇によって子どもの情操教育や地域文化の向上をはかるため，人形劇の祭典「喜之助フェスティバル」が開催されてきました。「喜之助フェスティバル」では，プロの劇団だけでなく，地元アマチュアの劇団も出演します。この企画展では，フェスや人形劇の振興に取り組んでいる人々のことも紹介します。
備　考	瀬戸内市アマチュア人形劇団協議会，「FabLab Setouchi β」との連携企画

企画展⑥

期　間	平成 29 年（2017）8 月 29 日〜 11 月 26 日
タイトル	瀬戸内市の農業いまむかし&セトウチキレイの "おいしいモノ"
趣　旨	瀬戸内市の農業は長い歴史をもっています。技術の進歩にともなって，農具も変わりました。今回の企画展示では，この地域で行われてきた農業の営みをものがたる資料によって，瀬戸内市の農業の今とむかしを振り返ります。あわせて，地域資源を活かした瀬戸内市発のブランド "SetouchiKirei（セトウチキレイ）" の開発商品をご紹介します。
備　考	JA 岡山瀬戸内営農センター・瀬戸内市振興公社・瀬戸内市産業振興課との連携企画 県内資料館・図書館との連携企画

企画展⑦

期　間	平成 29 年（2017）11 月 28 日〜平成 30 年（2018）2 月 25 日
タイトル	いのりの文化と形〜引き継がれたもの・消えたもの〜
趣　旨	瀬戸内市には，さまざまな伝統行事が伝えられています。一方，かつて行われていたもので，現在まで残らなかった行事もあります。「会陽（えよう）」は西大寺のものが有名ですが，瀬戸内市内でも行われています。また，かつて「会陽」が行われていたことを示す資料も残っています。本展では，現在も行われている伝統行事や「いの

| | り」にまつわる資料を見ながら，瀬戸内市の文化を再発見します。 |

企画展⑧

期　　間	平成 30 年（2018）2 月 27 日〜5 月 27 日
タイトル	朝鮮通信使と牛窓
趣　　旨	平成 29 年 (2017)，ユネスコ（国連教育科学文化機関）の「世界の記憶」（世界記憶遺産）に，「朝鮮通信使に関する記録」が登録されました。朝鮮通信使は，江戸時代に 12 回来日した友好使節団です。日本と韓国が合同で申請した登録資産の中には，本蓮寺（牛窓町牛窓）に伝わる「朝鮮通信使詩書」9 幅（岡山県指定重要文化財）が含まれています。この企画展では，朝鮮通信使と牛窓の関わりを見ながら，今回「世界の記憶」に登録された本蓮寺の「朝鮮通信使詩書」をご紹介します。

企画展⑨

期　　間	平成 30 年（2018）5 月 29 日〜8 月 26 日
タイトル	地域の文化財（たから）をつたえる〜門田貝塚と長瀬薫〜
趣　　旨	国指定の史跡である門田貝塚。2000 年前のくらしはどんなものだったのか，門田貝塚のある地域はどのような地域だったのか？のこされた文化財から何がわかるでしょうか。郷土史研究者・長瀬薫を中心に，門田貝塚が国の史跡に指定されるまでの経緯などもあわせて紹介します。

企画展⑩

期　　間	平成 30 年（2018）8 月 28 日〜12 月 9 日
タイトル	ハンセン病問題と瀬戸内市〜邑久長島大橋 30 周年によせて〜
趣　　旨	瀬戸内市邑久町虫明の長島には，長島愛生園，邑久光明園という 2 つの国立ハンセン病療養所があります。長島と虫明の本土をつなぐ「邑久長島大橋」は，今年，開通 30 周年を迎えました。本展では，あらためてハンセン病

	問題を考えるため，関係資料を展示しながら，現在進められているハンセン病療養所の世界遺産登録を推進する運動についてもご紹介します。
備　考	瀬戸内市人権啓発室，NPO法人ハンセン病療養所世界遺産登録推進協議会との連携企画 県内資料館・図書館との連携企画（橋）

企画展⑪

期　　間	平成 30 年（2018）12 月 11 日～平成 31 年（2019）2 月 24 日
タイトル	What's "Ko-Fun" ～古墳が語る瀬戸内市の古代とは～
趣　旨	瀬戸内市には多くの重要な古墳があります。岡山県指定史跡の古墳は 4 基。そして，瀬戸内市内の古墳から出土した銅鏡など貴重な資料が，東京国立博物館に多く所蔵されています。古墳は，およそ 3 世紀半ばから 7 世紀末頃につくられた墓ですが，古墳から何が分かるのでしょうか。本展では，瀬戸内市の古墳と，古墳から出土した様々な資料を，実物や写真などでご紹介します。

企画展⑫

期　　間	平成 31 年（2019）2 月 26 日～令和元年（2019）5 月 26 日
タイトル	面浄瑠璃と無形の文化財～継承されたもの，されなかったもの～
趣　旨	かつて，面浄瑠璃という芸能が瀬戸内市に存在し，その演者であった太田稔は岡山県の重要無形民俗文化財の保持者に認定されていました。しかし，現在は行われておらず，面浄瑠璃の存在そのものも知る人が少なくなっています。本展では，面浄瑠璃の紹介を中心に，瀬戸内市の無形文化財，無形民俗文化財をとりあげながら，継承されたもの，されなかったものを再発見します。

132

企画展⑬

期　　間	令和元年（2019）5 月 28 日〜令和元年（2019）8 月 25 日
タイトル	竹田喜之助と人形劇文化〜瀬戸内市に根付いた人形劇〜
趣　　旨	今年も 8 月に「喜之助人形劇フェスタ 2019」が開催されます。30 年以上続けられた人形劇のイベントは，竹田喜之助さんという世界的な人形師を生んだ瀬戸内市の文化として定着しました。市内にはアマチュアの人形劇団がいくつも生まれ，活動を続けてきました。本展では，瀬戸内市で続けられている人形劇の魅力を再発見します。
備　　考	瀬戸内市アマチュア人形劇団協議会,「FabLab Setouchi β」との連携企画

企画展⑭

期　　間	令和元年（2019）8 月 27 日〜 11 月 24 日
タイトル	遺跡の井戸から見つかったモノ〜井戸の跡から分かるくらしと社会〜
趣　　旨	近年は井戸を使うことが少なくなりましたが，飲料水などを井戸からとる生活様式は古くからあり，長い間つづいてきました。古い時代の井戸はどんな存在だったのでしょう。遺跡の発掘調査では，井戸の跡が見つかることがありますが，井戸の跡からは様々なモノが発見されます。堂免遺跡（市役所本庁地点）と助三畑遺跡（中央公民館地点）の井戸跡から見つかったモノを中心に，当時のくらしの様子を再発見します。

企画展⑮

期　　間	令和元年（2019）11 月 28 日〜令和 2 年（2020）2 月 23 日
タイトル	旅と○○めぐり
趣　　旨	旅の目的や楽しみは様々ですが，庶民が自由に旅行できなかった江戸時代などは，神社参拝などを名目とした旅が庶民の楽しみでした。伊勢神宮を参拝する「伊勢参り」や大師霊場をめぐる「四国 88 ヶ所めぐり」などが代表的です。

	現代のわたしたちも，○○めぐりを楽しむことがあると思いますが，瀬戸内市では，何をめぐると楽しいでしょうか。

企画展⑯

期　　間	令和 2 年（2020）2 月 25 日〜 8 月 30 日（臨時休館があったため期間延長）
タイトル	瀬戸内市人物列伝〜郷土の"偉人"とは？〜
趣　　旨	瀬戸内市にゆかりの人物として，これまで書籍などで多くの著名人が紹介されています。また，瀬戸内市名誉市民として認定されているのが，古武弥四郎，光田健輔，奥田真須二，戸田高吉，今泉済，嘉数郁衛，岡本隆郎，日下連，平井方策，佐竹徳次郎，服部和一郎，緑川洋一，森才蔵の13 人です。今回の展示では，一部の人物については遺品などを展示しながら，どのような人物が郷土の"偉人"としてとりあげられてきたのかを再発見したいと思います。

企画展⑰

期　　間	令和 2 年（2020）9 月 1 日〜 11 月 29 日
タイトル	災害の記録と瀬戸内市の防災
趣　　旨	9 月 1 日は「防災の日」です。これは，大正 12 年（1923）9 月 1 日に起こった関東大震災にちなんで定められたものです。平成 23 年（2011）の東日本大震災以降，防災に対する関心が高まっています。災害が少ないと思われていた岡山県でも，平成 30 年（2018）7 月豪雨により倉敷市真備町などで大きな災害が発生しました。この展示では，瀬戸内市における災害の歴史を改めてふりかえりながら，瀬戸内市が取り組む防災についても紹介します。
備　　考	協力：瀬戸内市危機管理課，瀬戸内市消防本部，倉敷市真備図書館

企画展⑱

期　間	令和2年（2020）12月1日〜令和3年（2021）2月28日
タイトル	交易・交流と瀬戸内市〜つながりを示すモノ，つながる地域〜
趣　旨	南は瀬戸内海に面し，西には吉井川が流れる瀬戸内市。残されている文化財には，遠方からもたらされたモノがあり，古くから交易がさかんであったことを裏付けています。本展では，発掘調査などで発見された，交易を示すモノによって，他地域とのつながりをもった瀬戸内市を再発見します。また，現在の友好都市交流についても，由来や「縁」をふりかえります。

　こうした企画展示は，これまで広範な時代範囲で網羅的に展示されていたものの，あまり注目されることのなかった文化財や，未公開だった古文書，記録，非現年公文書や民俗資料を公開する契機になるだけでなく，図書館の地域郷土資料にスポットを当てる機会にもなった。

　市民からの反響が特に目立ったのは，瀬戸内市の災害の記録に関する展示，そして，ハンセン病療養所で1995（平成7）年まで使用されていた有孔の施された「投票箱」の展示であった。ハンセン病療養所では選挙の投票所が開設されていたが，その投票箱には8mm程度の穴が開けられており，開票の際にはその穴から消毒剤を注入した後に，投票用紙の取り出しを行った。この投票箱は，1996年の「らい予防法」の廃止にともなって，その取り扱い中止を伺う決裁文書とともに初めて展示され，大きな反響を呼んだ。

図書館の地域資料を組み合わせた展示

郷土資料の現物，解説パネル

4.6 デジタルアーカイブを市民協働で制作する

(1) 「みんなでつくる　せとうちデジタルフォトマップ」

　広報課が撮りためてきた瀬戸内市に関するさまざまな写真，約2,000点のデジタルデータを提供してもらえることがわかってから，これをデジタルアーカイブとしてウェブプラットフォームで発信したいと考えた。新図書館整備に合わせ

たシステム整備まであと2年残されていたため，独自のウェブサイトを作成し先行して公開することとした。

　ただ写真が閲覧できるサイトではなく，瀬戸内市の魅力を引き出すような写真を自由に投稿してもらえ，かつダウンロードして活用してもらえるようなスタイルのサービスを展開したいと考えた。さらに，その写真が撮られたポイントの地図をグーグルマップと連動させて表示させることも設計に盛り込んだ。発信元の瀬戸内市民図書館のクレジットを明記すれば，営利活動も含めた二次利用が可能である。このサイトへの写真の投稿も可能で，地元市民や観光客の撮影した写真で，このアーカイブのコレクションが増えていくことも狙っている。

「みんなでつくる　せとうちデジタルフォトマップ」ウェブサイト

この「みんなでつくる　せとうちデジタルフォトマップ」
の核となる写真は，広報課から提供されたものだが，もう一
つ有力なコレクション提供者が存在する。写真愛好家の市民
でつくるグループ「瀬戸内市フォトプロジェクト」（SPP）が，
瀬戸内市の景観や文化財，暮らしの風景などの写真約500点
をデータで寄贈してくれることとなった。地元を愛する市民
が，市内のさまざまな景色や建物を，それぞれの個性あふれ
るアングルでとらえた写真の数々は，このフォトコレクショ
ンをとても魅力的なものにしてくれている。

(2)　「せとうち・ふるさとアーカイブ」

「せとうち・ふるさとアーカイブ」ウェブサイト

　社会教育課の文化財担当者がデジタル化した指定文化財等
のデータは，約1万点程度あったが，これらのメタデータを
Excel により検索，閲覧できる提供プラットホームの構築が
懸案であった。新図書館整備の計画の中で，こうした資料群

をデジタルアーカイブとして公開していく事案もあったことから，ある助成金を獲得し2015年に公開にこぎつけた。こちらも新図書館のコンピュータシステムの稼働時期より1年早い助成事業であったため，単独のプラットホームとなった。

このデジタルアーカイブでは，収蔵品の検索，閲覧のほか，文化財の写真を360°回転させてみることができるバーチャル体験機能も搭載されている。甲冑や土器，あるいは指定文化財の建物の中を上下，左右360°視点を回転させながら見ることができる。

また，市民団体「せとうちキラリ☆くらぶ」が制作した「瀬戸内何でも動画情報」も，このデジタルアーカイブに載録されている。公民館などで文化行事などを企画，開催している有志による瀬戸内市のさまざまな行事やイベントを動画で記録したもので，このデジタルアーカイブの貴重なコレクションとなっている。

4.7 地域・郷土資料を活かした市民協働活動

整備計画策定のための市民ワークショップ「としょかん未来ミーティング」に参加していた市民を中心に，2017年1月，図書館友の会「せとうち　もみわフレンズ」（以下，「もみわフレンズ」）が設立された。その目的が会則の第2条に掲げられている。

「もみわフレンズ」は，図書館の活動に協力・提言することにより，市民の学ぶ権利と知る自由を保障する図書館活動を支援するとともに，さまざまな情報，文化，芸術との出会いを通してより主体的に暮らし，子どもから高齢者までが瀬

戸内市の魅力を感じながら，いきいきとしたコミュニティづくりをしていけるよう，交流と実践の場を提供することを目的とする。

　「もみわフレンズ」の活動の大きな転機になったのは，瀬戸内市の「平成 30 (2018) 年度協働提案事業補助金を活用した協働事業」に提案し，採択されたことである。市が協働目的に提示していた 6 つのテーマのうち，「文化の香るまちづくり」を選択し，これを実現させる事業として図書館を協働先にし「せとうちルネッサンス－市民からひろげる瀬戸内市の文化」という企画を提案し，採択された。さまざまな文化事業のうち，地域資料サービスにとってきわめて意義深い事業を紹介する。

　子どもにもわかりやすい郷土学習のための図書館資料が少ないという課題を，瀬戸内市も抱えていた。そこで「もみわフレンズ」は，瀬戸内市の子どもたちの郷土学習に役立ててもらおうと，「瀬戸内市ふるさとかるた」の制作を企画した。来館する市民に呼びかけ，図書館の郷土資料を活用して「かるた」にする素材選択と読み札づくりをワークショップ形式で進めた。学校のふるさと学習での活用を念頭においていたことから，図書館づきの学芸員と観光課の職員が監修者となり，図書館司書も協力して郷土資料を市民とともにひもとき，かるたづくりにいそしんだ。

　瀬戸内市の文化や地名，歴史などを題材にした「瀬戸内市ふるさとかるた」100 セットを，市内の小学校 4 年生の各クラスに配布し，活用してもらうことができた。また，希望のあった高齢者施設などにも配布した。瀬戸内市民図書館や岡山県立図書館にも寄贈し，貸出をしている。

もみわフレンズが制作した『瀬戸内市の常夜燈めぐり』（左）と「瀬戸内市　ふるさとかるた」（右）

　また，「平成31（2019）年度協働提案事業補助金を活用した協働事業」には，図書館，社会教育課を協働先として「発見！発掘！瀬戸内市の『お宝』」という企画で協働事業が採択された。この事業では，未指定の文化財の発見，把握のための「地域に眠るお宝発見自慢大会」を開催し，これらをリスト化した。大会の前には機運醸成のため，文化財の重要性や魅力，活用可能性などについての講演やシンポジウムを行った。

　さらに，この事業では，瀬戸内市の隠れたお宝として，地域の各所に設置されている「常夜燈」に注目し，これを会員が中心となって撮影し，「みんなでつくる　せとうちデジタルフォトマップ」に投稿するという形で写真収集を開始した。同時に「もみわフレンズ」のFacebookでも共有し，市民に「常夜燈」の設置場所，設置年等，わかる範囲の情報とともに「みんなでつくる　せとうちデジタルフォトマップ」への投稿を

呼びかけた。図書館は投稿された「常夜燈」のより詳しい情報を調べるために，邑久，牛窓，長船の各町史の利用を「もみわフレンズ」に提案し，市内の「常夜燈」についてのまとまった記録ができた。これを助成金で予定していた資料集作成費用をもとに冊子として発行し，県内の教育文化施設などに寄贈した。

4.8 課題と展望

　開館してまだ4年目ということもあり，地域資料サービスの充実には以下のような課題がある。こうした課題の解決には，前出の「もみわフレンズ」との協働が展望をひらく大きな要素である。

　①地域資料展示の企画・運営をする人員が十分でない。

　②地域資料の活用に向けた市民協働が始まりつつあるが，地域全体に展開していくネットワークづくりが不十分である。

　③「デジタルアーカイブ」に登録可能な文化財データは，約10,000点程度あるが，プラットフォームに登録するための財源，人材が不足している。

　今後は特定財源の確保も含めたデータ登録費用の確保に努めるとともに，今後も増加していく地域資料のデータ登録を担ってくれる，地域学芸員とでも言うべき協力者を，市民協働によって組織化していくことが望まれる。それは，行政の事業を市民に肩代わりしてもらうということではなく，学芸員がデータ登録を地域郷土学習のプログラムとして調整し，地域郷土資料に関心のある市民が，データ登録を通してより

地域の歴史や文化に親しめるよう取り組まれなければならない。瀬戸内市立図書館の地域資料サービスは，まだ幕を開けたばかりである。これからに大いに期待したい。

注
1)　常駐の専門職員は在籍せず，入口の開錠と施錠を非常勤の清掃員が行っていた。来館希望者は，開館時間中は自由に展示室に入室できた。小学校等からの依頼で，児童のクラス単位での見学の際に，学芸員が説明を行うという対応をしていた。
2)　瀬戸内市では，市立美術館，刀剣博物館に配属される専門職には「学芸員」の発令を行っていたが，教育委員会事務局の社会教育課に配属される専門職には，「学芸員」としての発令はなかった。開発事業にともなう埋蔵文化財の包蔵地確認や調査等，学芸員資格のある職員が行っていたが，庶務業務や社会教育事業等，幅広い業務も行っていた。
3)　基礎自治体の施設ではないが，展示計画を検討する上で多くの示唆を受けたのは，長崎歴史文化博物館と南山大学人類学博物館であった。ちなみに長崎歴史文化博物館は，建築も運営も，県と長崎市が一体となって取り組んでいる施設で，同館のホームページによると「全国でも例がない取り組み」とのことである。
4)　「新瀬戸内市立図書館整備実施計画」https://lib.city.setouchi.lg.jp/setouchi_lib/miraiplan2013.pdf　（参照：2021.2.9）
5)　瀬戸内市商工会が開催していた地元産品を使った「S級グルメフェア」https://www.setouchi.org/company/com/s.html　（参照：2021.2.9）

5章 都城市立図書館の移転と 貴重な未整理資料

5.1 はじめに

　都城市立図書館は 2018（平成 30）年 4 月，ショッピングモールだった建物をコンバージョンして移転開館した。今回の報告は，移転に伴い生じた地域資料の状況，また確認された貴重な資料について述べる。

写真 1　移転前の図書館

写真 2　移転後の図書館 1 外観

写真 3　移転後の図書館 2 内観

5.2 図書館の成り立ち

　都城市は南九州・宮崎県の南西部に広がる都城盆地を中心に広がりをもつ拠点都市で，宮崎市と鹿児島市の中間地点にある。かつては薩摩藩領であったため，薩摩の文化を色濃く残している。

　都城市立図書館の前身となるのが上原文庫で，その歴史は明治時代にさかのぼる。

　1912（明治45）年4月，都城出身の上原勇作中将（当時）が陸軍大臣に就任したことを記念する祝宴の場で，上原が後進の教育に熱心であったことから，育英事業として記念図書館を設置する話がまとまり，設立委員会が立ち上がった。1912（大正元）年に寄付を募集し，都城老中馬場にあった旧小牧家の屋敷・土地（現・都城看護専門学校地）を購入した。

　1914（大正3）年，私立北諸県郡教育会附属図書館（1902（明治35）年設置）を上原文庫の敷地に移転し文庫と合同され，9月20日に上原文庫の開館式が行われ，翌21日に開館した。1917（大正6）年に同敷地内に新設された宮崎県立都城図書館に，北諸県郡教育会附属図書館の蔵書は寄付され，上原文庫も依託された。これが都城市立図書館の前身であり，礎となるものである。

　この県立都城図書館の設置から，図書館は3度の移転，そして第二次世界大戦中には資料の疎開を経て，現在に至る。また，移転に際しては，既存の建築物を改修し，図書館として運営を行っていた経緯があり，資料全体の構築において「移転」が大きなポイントとなっている。

5.3 移転後の調査で明らかになった貴重資料

　今回の報告は，1971（昭和46）年に，郷土館を改造して運営していた図書館から現図書館への移転に伴うものである。

　明治期から現在までの図書資料は，書架が狭隘になったため，分類分けはなされているものの，資料の貴重度は検討されずに，本棚を増設し通路へ配置するなどして配架されている状況であった。今回は受入年度に応じて段階的に移転するものだったため，明治期から1981（昭和56）年までの資料がひとまず旧図書館に残る形となった。

　移転に際して残した資料群に関して，まず現状の把握を行った。すると1971（昭和46）年の開館前から収集していた資料に関して，未登録資料が多く存在し，未整理のままの状況であることが判明した。

　資料は，「新聞史料」，「統計資料」，「地域の記録・文集・日誌」，「都城市を中心とした地域発行物」，「16mmフィルム・レコード等（映像音声資料）」の大きく5つに分かれている。また，明治期以前の書籍や史料については，博物館機能をもつ都城島津邸へ移管している。これらの資料は戦時の災禍を逃れており，都城市立図書館が収集していた資料規模数と蓄積は大きいものであることがうかがい知れる。

　都城市立図書館のコレクションとしては，「上原文庫」が大きく注目されてきた。陸軍軍人としてトップクラスで活躍した人物の蔵書コレクションは，国立国会図書館や全国の大学図書館にも所蔵されていない資料が多く，特に軍人会機関紙等が注目されてきた。しかし，上原勇作の文庫設立の目的は，地域の図書館を形成するためのものであったことが，本

人の批評や口述をまとめた談話や手記からうかがえ，移転前後の旧館資料調査で未登録資料にその傾向が多く残されていることが判明した。これらの資料の中から，特に貴重とされるものについて報告したい。

令和2（2020）年度　都城市立図書館地域資料の構成（図書システム登録分）

分類	地域資料数	分類	地域資料数
0　総記	1,559 冊	6　産業	992 冊
1　哲学	627 冊	7　芸術美術	982 冊
2　歴史	5,080 冊	8　言語	230 冊
3　社会科学	5,051 冊	9　文学	2,134 冊
4　自然科学	801 冊	地域資料総数	17,981 冊
5　技術工学	525 冊		

(1)　新聞史料

　新聞史料については元来，大正期発行の『三州日日新聞』を都城市立図書館のみが所蔵しており，貴重な資料としてマイクロフィルム化等がなされていた。原紙は製本され，現在は旧図書館に所属されている。点検のため調査を行ったところ，マイクロフィルム化されていない昭和初期〜昭和40年代にかけての都城地域で発行された新聞が発見された。また，『鹿児島新聞』（明治16年〜17年発行）の製本された原紙（欠号あり）や，複写製本したタブロイド判を所蔵していた。経緯は不明であるが，マイクロフィルム化されたものは，鹿児島県立図書館へ移転されたことは判明したものの，その後除籍がなされているようである。

　『都城市史』では，「近現代史料編」全6巻のうち，4巻分

を「新聞史料」に充てているが，マイクロフィルム化されていない資料は昭和期のものが多く，現在のところ資料のリスト化や情報についての調査がなされた形跡はない。劣化が進まないうちに保存処置が必要である。

(2)　統計資料

統計資料は，主に県・市発行のものが大正期から継続して存在し，収集の痕跡はみえるものの，分散して保管されていた。また，登録されている資料も若干見受けられ，全体像がつかめない状況で，今後，分野ごとのリスト化が必要である。

(3)　地域の記録・文集・日誌

「都城図書館日誌」は，都城市立図書館の前身の宮崎県立都城図書館の業務日誌である。図書ではないことから，外部に公開されることなく保管されてきた。「都城図書館日誌」は1934（昭和9）年4月4日から1950（昭和25）年3月11日までを記録しており，都城図書館の日誌用紙を使い，記入は万年筆で行われている。日誌は太平洋戦争下における図書館活動の記録となっており，また空襲に備えて資料の疎開活動が行われていたことも記録されている。このような資料等の疎開については，東京都日比谷図書館の事例等が知られているが，宮崎県内においては宮崎図書館の事例とともに，当時の県内での図書館活動を知る貴重な記録となっている。

(4)　都城市を中心とした地域発行物

1971（昭和46）年の移転が，どのような形で行われたのか，図書だけの移動であったのか，もしくは移転後の収集であっ

たかは判然としないが，現在では貴重となった資料が多く発見された。資料は，書架脇の通路に未整理のまま蓄積された状態であった。そこに積み上げられていたのは書籍，冊子，パンフレット類で，その中でも特に地域性が濃い資料として，冊子やパンフレットが存在した。

　一例を紹介すると，市制 35 周年記念総合文化祭の特別公演として，都城市公会堂において 1959（昭和 34）年 11 月 18 日に開催された「東京松竹歌劇団　東京おどり」のパンフレットがある。当時の市長である蒲生昌作による挨拶文が掲載され，その中で民俗芸能である「安久節」の成り立ちや，安久節を市民踊りとするため，東京松竹歌劇団の協力のもと編曲し振付を行った経緯等が記されている。残念ながらそのときに編曲・振付されたものは定着しなかったようであるが，現在まで夏祭りでの定番の踊りとして親しまれる民俗芸能としての萌芽が感じられるなど，機運があったことが偲ばれる。また，パンフレットには，東京松竹歌劇団スタッフであり延岡市出身の郷土芸能研究家，並岡龍二による寄稿文「都城と私」が掲載されている。戦時中，現役兵だったころからの都城での赴任生活が記されており，当時の様子を知ることができる。このパンフレットには市内の店舗広告も掲載されていて，1959 年当時の商店街の雰囲気が広告情報から読み取れる。

　「都城市民会館　施設のあらまし」（パンフレットほか 6 点）もあげることができる。都城市民会館は 1966（昭和 41）年，日本を代表する建築家，菊竹清訓により設計された，メタボリズム建築の代表作である。2020（令和 2）年 3 月，惜しまれながら解体工事が終了した。資料は都城市民会館と市章の表示がされた袋（破損箇所あり）とともに残されており，建

写真4　東京松竹歌劇団
　　　　東京おどり

写真5　都城市民会館パンフレット
　　　　外観

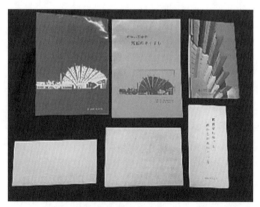

写真6　都城市民会館パンフレット内訳

設当時の資料として類をみないものである。内容は，1．都城市民会館施設のあらまし，2．都城市民会館（会館のあらましや利用方法・使用料について記された三つ折のもの），3．司婚のことば，4．誓いのことば，5．披露宴における媒酌人のあいさつ（例），6．都城市民会館便箋帳（表紙に全景イラストが付され，便箋部にイラストと設計情報が付されたもの）で構成されている。これらは都城市民会館建設時の記念品，もしくは利用者に配られたものと推察される。特に「施設のあらまし」の内容は，建設当時の会館各所に対するこだわりや思い入れが感じられる。

(5)　16mm フィルム・レコード等（映像音声資料）

　16mm フィルムは，ビネガーシンドローム化が進んでおり，1か所にまとめられていた。また，登録資料としてリスト化されていたため，その中で特に当館しか所蔵していないフィルムについての調査を行ったところ，以下2点の資料の存在が判明した。

　1点目は建設当時の1966（昭和41）年に，都城市が制作した「都城市民会館」に関するフィルムで，内容は不明である。

　2点目は「轟ダム」（制作年・制作者不明）で，大淀川上流都城盆地の観音瀬地点における轟ダムの撤去に際しての記録映画である。轟ダム（大淀第一発電所旧堰堤）は1918（大正7）年，電気化学工業（現・デンカ㈱）が水利私用許可を得て建設したが，1939（昭和14）年ごろから戦後にかけて水害による被害が大きく，1954（昭和29）年9月の台風12号による都城市全域にわたる大水害を契機に，10月，ダム撤去が決議された。記録映画は，住民運動から大臣の現地視察にこぎつ

け，政府にダム撤去を決めさせた記録であると記されている。

上記2点とも，フィルムを保管する箱の劣化は目立ったが，フィルムのビネガーシンドローム化は抑えられていた。今後の保存・デジタル化が必要となる。

レコードについては，レコード鑑賞会の記録と目録があるが，目録と同数であるかは未点検である。多くは当時の鑑賞会用に購入，または寄贈されたもので，クラシック音楽が大多数を占める。鑑賞会の記録とともに，都城市出身で南の宮沢賢治とも評される詩人・富松良夫が制作したとおぼしきプログラムも存在した。富松良夫は晩年にかけて，図書館でのレコード鑑賞会を開催していたが，その実態は不明であった。プログラムからは意欲的に取り組んでいた様子がみてとれる。

また，現物調査により地域の小学校の劇を記録したものや，市制35周年「市民おどり安久節」，市制40周年「都城市民の歌」を収録したものなどの地域資料も含まれていることが判明した。今後，目録の点検も含めて付随するプログラム等についてもリスト化や正確な調査が必要となっている。

5.4 現在の地域資料構築

以上が，今まで蓄積した資料についての現況報告である。ここからは，現在の図書館に移転してからの地域資料構築について述べたい。

(1) 地域資料保存の方向性の確立

移転時の方向性として，書籍以外も資料として登録を行っていくため，地域の発行物については地域をどこまでにする

か確定する必要があった。都城市は鹿児島圏域の文化性が色濃く残り，また現在も広域圏の拠点都市として機能していることからも，「都城市を中心とした地域圏の資料を，地域資料とする」ことを，基準の方向性として定めた。また，旧図書館では郷土資料室収蔵の「郷土資料」としていた名称を改め，2018（平成30）年4月より「地域資料」とした。元来，文化圏の重なりから，県内だけではなく圏域の資料について，別置記号を付与し郷土資料として取り扱っていた経緯もあり，改称についての異見はなかった。現在は，九州圏域まで収集の対象を広げることにより，地域資料のさらなる充実を行っている。

　2018年4月の新館への移転時，書籍以外の未登録資料として近年発行の冊子類があった。多くは地域性の低いものだったが，1点ずつ内容の確認を行い，基準に沿うものについては登録作業を現在も進めているところである。

　また，地域資料として抜けがある発行物の調査等も進めた。「抜けているリスト」をつくることにより，歴史資料館，美術館，都城島津邸あるいは圏域の機関にも協力を依頼することが可能となった。少しずつではあるが再収集の形がつくられ，また地域資料として登録することで，地域資料構築の素地を形成している。これにより，現在旧館に存在する未登録の地域資料が移転した際にも，新旧の資料が当館の長い歴史の中で継続的に網羅されるものと思われる。

(2) 地域資料の新規作成

　当館所蔵の地図資料として，1996（平成8）年に「ふるさと中町を育てる会」が制作した「昭和10年頃中町住民図」

がある。現在の図書館が所在し，都城市の中心市街地でもある「中町」の地図で，有志により当時を思い起こして記され，発行された。当該地図の掲示とともに，その当時から現在までを「あなたの思い出おしえてください」と題し展示企画を行ったところ，中町と隣接する上町について「昭和 10 年頃のものはないのか」という問合せが多く集まった。また，幸運なことに新聞記事等でも取り上げられ，上町の当時を思い起こしてつくられた地図が存在することがわかり，制作者の家族にも連絡を取ることが可能となった。

さらに，中町と上町の地図を合わせて，中心市街地全体の地図を現在の地図に照らし合わせ，修正・復元化し，デジタル資料「昭和 10 年代都城中心市街詳細図」の作製を進めている。当時を知る市民からの情報を追加し，完成を目指しているところである。

写真 7　昭和 10 年頃中町住民図

154

写真8　昭和10年代都城中心市街詳細図デジタル資料

(3)　ビデオフィルムのデジタル化

　ビデオフィルムについては，現在当館では再生機器を所蔵していないことから中身の確認が課題であった。ビデオフィルムは，都城市の提供で制作されたテレビ番組等も含め保存用として録画され，地域資料として分類し，視聴覚資料として登録されていた。その中から，タイトル等の情報で選定し，保存が必要とされる資料についてはデジタル化を行った。デジタル化により繰り返しの再生や編集が可能になる。デジタル化したもので第1回の上映会を2021（令和3）年4月に開催したところ，大変好評を得た。

　今後は年代不明なものの調査や内容について，詳細を記録する作業を経て，データベース化を図り，公開に向けて著作権の処理等を予定している。特に，民俗芸能においては現在

行われていないものも存在しているため，DVD 化によって
デジタル保存をする必要性が高くなっている。

5.5 今後への課題・展望

2020 年度から続く新型コロナウイルス感染症の影響の中
で，臨時休館中に資料整理を大きく進行させることができた。
今後は，旧館と新館と資料が分離していること，また地域資
料の整理には，地域の歴史について精通した知識，資料組織
化の経験も必要になることから，一貫した計画を形づくる上
では，専門性をもった職員の配置が必要である。しかしなが
ら当館は，国内外から多くの人が集まる施設として運営して
おり，新たな人員配置は困難を極めている。

時間の経過とともに資料は劣化していくが，どれだけの計
画性をもって地域資料保存を行い，市民へ提供するサービス
として展開してゆけるかは，PR 等も含めて協議が必要な事
項となっている。地域資料の保存の対策を展開していくため
には，図書館内での展示企画はもとより，図書館員自らが地
域へ情報を発信し収集していく姿勢が今後は最重要になって
くる。まずは図書館員自身の意識の底上げも必要である。新
型コロナウイルス感染症の影響下だからできないのではな
く，その状況だからこそできることへの模索を今後も展開・
発信していきたい。

5.6 おわりに

現在，何度目かの臨時休館の只中で，開架の地域資料をよ

り使いやすく魅力的にするような棚揃えを行っている。資料一点一点が，長年の資料の蓄積の上に成り立っている。当館はコンバージョンした施設としての評価が高いが，今後は地域資料の評価が高まるよう，筆者は残りの図書館員生活をかけて注力していきたい。

参考文献

・『都城市立図書館所蔵「上原文庫」調査報告書－その現状と今後の修復・保存の方向性について』山崎有恒，2009
・『市史編さんだより　都城地域史研究』第 11 号・第 12 号，都城市立図書館市史編さん担当編，2005，2006
・『都城の民俗芸能』鳥集忠男，片山謙二，都城市教育委員会，1981
・『稿本都城市史　下巻』前田厚，都城史談会，1989

6章 秋田県立図書館の120年とこれから

6.1 秋田県立図書館の概要

　秋田県立図書館は 1899（明治 32）年，秋田市に設立された。2021（令和 3）年に創立 123 年目を迎え，国内の公共図書館の中でも長い歴史をもつ館である。年間約 40 万人にのぼる来館者への直接サービスのほか，市町村立図書館，学校図書館への支援を通じて秋田県における公共図書館サービスの中核的役割を担う存在となっている。

　2021 年 3 月末現在の蔵書は約 96 万冊，うち地域資料が約 13 万 7 千冊となっている。一般図書，児童図書，逐次刊行物，視聴覚資料，デジタル資料と多様な資料を所蔵しているが，創立以来，一貫して重視し取り組んできたのは地域資料の収集と提供である。

　地域資料の内訳は，秋田県に関する資料，県ゆかりの人物による著作，県内で発行された新聞・雑誌等の逐次刊行物，県や市町村の行政資料や県内の各種団体・学校等による刊行物等で，一般に多くの公共図書館で地域資料として扱われている資料と同様であるが，時代的には藩政期から現代までと幅広い。

　形態もさまざまで，図書や雑誌等の冊子体に限らず，地図や写真，絵葉書，書画，パンフレット，ポスター，作家や著

名人の手書き原稿や書簡，色紙，さらには博物資料まで多岐にわたっている。秋田藩の藩政に関する古文書類の多くは1993（平成5）年に設置された秋田県公文書館に移管されたが，秋田県立図書館の長年の歩みを反映した資料群となっている。

また，近年では「秋田県立図書館デジタルアーカイブ」（https://da.apl.pref.akita.jp/lib/）により，資料提供のあり方が大きく変化した。今後も時代の流れに即した取り組みがより一層必要とされることだろう。

この実践事例では，秋田県立図書館の地域資料コレクション形成の過程と時代ごとの特徴的な取り組み，サービスの変遷を振り返り，今後の地域資料サービスのあり方を考える一助としたい。

なお，文中で明治から平成にかけての事項については，特に記載がない場合は『秋田県立秋田図書館沿革誌－昭和36年度版』（1961年），『100年のあゆみ－秋田県立図書館創立100周年記念誌』（2000年）を参考とした。

6.2 地域資料収集の始まり

(1) 秋田県立秋田図書館の創立

1899（明治32）年4月に県立秋田図書館設置の告示が出され，同年11月1日に秋田県立秋田図書館が秋田市の千秋公園（旧・久保田城跡地）に開館した。

当館が公共図書館として大きく進展を遂げたのは，第2代館長佐野友三郎の時代（1900（明治33）年～1903（明治36）年）である。この時期に，日本の公共図書館史の中でも先駆的な取り組みとして評価の高い県内郡立図書館への巡回文庫のほ

か，利用者の利便を図るための夜間開館が開始され，巡回文庫は1987（昭和62）年の自動車文庫廃止まで続いた。

財政面においても，1902（明治35）年の通常県会で蔵書充実を図るため，図書購入費の5年間の増額および郡立図書館の図書購入費への補助が決議されている。日露戦争による財政事情の悪化により削減されはしたものの，当時の県当局にも図書館資料充実に対する理解があったことがうかがわれる。

(2) 明治期の資料収集

1899（明治32）年4月公布の「秋田図書館規則」には，第1条に「本館ハ博ク中外古今ノ図書ヲ蒐集シ衆庶ノ閲覧ニ供シ学芸ノ参考ニ資スルコトヲ以テ目的トス」とある。当初から地域資料に関しては限られた財政事情の中でできる限りの収集を行っていた。

当時，秋田ゆかりの資料として収集の対象となっていたのは，主に秋田藩の学者による著作や歴史記録等である。購入，寄贈のほか，入手の困難なものは所蔵者の承諾を得た上で書写を行うなど，かなりの手間をかけて収集していた。郷土ゆかりの資料の収集と提供が図書館の重要な役割と見なされていたことがわかる。

1903（明治36）年に佐藤信淵（江戸時代後期の思想家）の直筆著書を購入したのが，当館の地域資料一括購入の始めである（現在は「弥高文庫」として秋田県公文書館へ移管）。

また，この時期に収集した資料として，平田篤胤（江戸時代後期の国学者）の遺書や菅江真澄（江戸時代後期の紀行家）の著作，吉川忠行，中山菁莪といった秋田藩の学者の著作や自筆稿本のほか，「久保田領郡邑記」，「羽陰史略」等の旧記類

が挙げられる[1]。

　1907（明治40）年には，後に東京帝国大学教授となり，明治天皇の御進講を務めた漢学者根本通明の蔵書約2,500冊を購入した。これらは2014（平成26）年に秋田県指定有形文化財に指定されている（写真1）。

写真1　根本通明文庫

　珍しいものでは，1929（昭和4）年に平田篤胤の孫盛胤から篤胤著作の版木3千数百枚が寄贈されている。いわゆる「気吹迺舎（いぶきのや）蔵版」と言われるものである。近年，郷土の先哲にかかわる貴重資料として見直され，2015（平成27）年にはこの版木を使用した印刷の体験講座が開かれ，数十年の年月を経て活用される機会となった。

　これらの1899（明治32）年から明治40年代にかけて収集した資料は，当館の地域資料・貴重資料の根幹となっている。

6.3 大正～昭和期の地域資料サービス

(1) 2代目図書館への移転

　大正に入り，秋田県では大正天皇即位記念事業の一つとして記念図書館の建築が決定され，1919（大正8）年6月に秋田市東根小屋町に新図書館が開館した（写真2）。

　総建坪は305坪，2階建ての本館と3層の書庫からなり，8万冊の資料が収容可能であった。新たに児童室や婦人閲覧室が設置されたほか，講堂や陳列室も設けられて閲覧以外の活動にも対応できる施設となり，図書館サービスが大きく進展することとなった。

写真2　2代目図書館

(2) 図書館サービスの進展と地域資料

　大正から昭和初期にかけて，新たなサービスが相次いで開始された。年間数十回にのぼる講習会開催，利用者の自主学習のための研究室設置と研究指導員の配置，質疑応答簿（レファレンス記録）の作成，購入希望図書申込票の設置，夏期の海水浴場への文庫設置等々，サービスと館内事務の両面に

わたってさまざまな取り組みがなされた。また，市内の小学校と連携して児童室を学習用に開放し，高等科国語教科書に引用された図書の提供も始めた。

写真3　『秋田図書館報』第2号

1924（大正13）年から1930（昭和5）年まで館長を務めた吉村定吉は，積極的に新サービスを取り入れた人物である。吉村館長の郷土資料に対する考え方は『秋田図書館報』第2号（1927年11月）（写真3）の記事に見ることができる[2]。「其府県に於ける何らかの懸案問題等に対する調査の場合」，「他府県から来て其府県に関する調物をせんとする場合」等は，各種の蔵書を持つ図書館の仕事として最もふさわしいものであり，「民衆にとって可成便利な，現在に直接交渉の多い，生きた仕事となるのです」と述べている。時代の移り変わりとともに地域資料への考え方も変化し，地域情報の提供や地域社会への支援的な役割に着目されるようになってきたことが見てとれる。

　吉村館長は，読書会や他の社会教育団体の育成にも注力した。1925（大正14）年には「秋田考古会」を設立し，図書館を事務所として自ら会長を務めて機関誌の発行や講演会等の活動を行った。公共図書館が地域の文化活動の中心となり，

牽引した例と言えるだろう。

1929（昭和4）年の創立30周年事業に際し配布された冊子『御客様え－報告と説明とに換えて』（1929年）には，館の沿革史とともに「秋田郷土芸術物語」のタイトルで秋田民謡の解説が掲載されており，県内外の招待客へ郷土文化の紹介を兼ねた内容となっている（写真4）。

資料収集の面では，東山文庫（郷土史家東山太三郎の蔵書約6千点。郷土史関連文献が多く，後に秋田県公文書館へ移管）や時雨庵

写真4 御客様え 表紙

文庫（秋田魁新報社社長で俳人としても知られた安藤和風の収集資料約1,800点）といった資料が寄贈されている。特に，時雨庵文庫は俳諧関係資料，郷土先賢の遺墨など珍しいものが多く，現在もしばしば展示を開催しており，一部は「秋田県立図書館デジタルアーカイブ」でも公開されている。

(3) 郷土博物室の設置

1934（昭和9）年に，秋田市社会教育委員会との共同施設「秋田県簡易郷土博物室」が館内に設置された。碑文の拓本や郷土先賢による書画，短冊，化石や土器等の発掘品，旧藩時代の貨幣，武具，工芸品等，多岐にわたる資料が展示されていた[3]。毎年約200円を購入に充てたほか，篤志家からの寄贈も受け，1941（昭和16）年の所蔵点数は約3千点となってい

たという[4]。郷土先賢の肖像写真から藩校の蔵書印，民芸人形まで，現在も残る博物資料の多くは，この郷土博物室の資料として収集されたものである。

後に所蔵品の多くが秋田県立博物館へ移管されたこともあり，博物室は現在設置されていない。しかし，「秋田に関するものは資料の形態に拘らず広く収集する」という考え方，地域資料を柔軟に捉える姿勢は，この博物資料収集の時代から受け継がれているのかもしれない。

(4) 貴重資料の疎開

戦時下において，空襲による焼失を防ぐため資料の疎開が行われた。1945（昭和20）年6月から秋田市近郊の南秋田郡豊川村に秋田藩関連の文書や『菅江真澄遊覧記』等，地域資料の中でも特に貴重なものが預けられ，終戦後の10月，無事図書館に戻った。戦争の被害を免れたことで創立以来の収集資料ほぼすべてが無傷で残り，現在まで伝わることとなった。

(5) 戦後の変化と地域資料収集

終戦後，巡回文庫の再開やCIE（米国進駐軍軍政部）の寄贈図書を配架したリーディングルーム設置等を皮切りに，当館でも新たな図書館サービスが始まった。

1949（昭和24）年6月に自由接架室が開設され，利用者が直接書架で資料を探すことができるようになって利用が激増した。また，昭和24年度受入の図書からそれまでの8門分類に替わって「日本十進分類法」（以下，NDC）が採用され，1954（昭和29）年にはNDCに準じた地域資料独自の分類が作成されている（後述）。

1953（昭和28）年に「秋田県立秋田図書館規則」および「秋田県立図書館設置条例」が制定され，現在に続く体制がつくられた。

昭和30年代にかけて収集された地域資料の中で最も規模が大きいのは，旧秋田藩主佐竹家とその分家伝来の文書・記録類からなる「佐竹文庫」である。後に翻刻・出版される「国典類抄」や秋田県重要文化財「北家御日記」を含む日記，系図・家伝文書，故実や冠婚葬祭の記録，行財政記録等，約6,000点の膨大な資料群であった。

このほか，県内各地の旧家からも家蔵の古文書類が次々に寄贈・寄託されているが，これらの多くは後に秋田県公文書館に移管されることとなる。

また，現代に活躍中の人物に関する資料を収集するために，政治家・作家・芸術家・教育者・財界および産業界等各方面で活躍している県出身の人物に対し，1957〜58（昭和32〜33）年に直筆色紙・短冊の寄贈依頼を行っている。郷土博物室の資料として従来から所蔵していたものも含め，現在は地域資料として700点以上の色紙・短冊を所蔵し，展示等に活用されている。

6.4 昭和〜平成期の地域資料サービス

(1) 3代目図書館への移転

昭和30年代になると蔵書は20万冊近くなり，書庫は飽和状態で閲覧室内に資料が横積みになっている状態だったという。設備の老朽化が進んだこともあって，新図書館が建設されることとなった。

166

1961（昭和36）年11月に秋田市下中城町に，3代目にあたる図書館が開館した。初代図書館があった千秋公園の外郭にあたる立地である。県民会館と併設で，3階建ての本館と書庫5層からなり開架1万5千冊，書庫22万冊が収容可能，延床面積2,775㎡であった。

　1969（昭和44）年には公開書架室に「郷土資料コーナー」が設けられ，地域資料が初めて開架に置かれることとなった。

(2)　マイクロフィルム化事業

写真5　マイクロフィルム化事業

　この時期の地域資料に関する大きな事業はマイクロフィルム化である（写真5）。地元紙の汚損・破損対策として1957（昭和32）年に館内にマイクロフィルム撮影機，現像乾燥機等の機器一式が導入され，職員が作業を行った。技術面はカメラ会社から指導を受けたが，不慣れな機器に苦戦しつつの作業だったとのエピソードが伝わっている。1965（昭和40）年には，

『秋田魁新報』,『秋田公論』,『秋田時事』等の地元紙の明治30年代以降の号，300巻余りのポジフィルムが作成されている。

　その後も購入や委託作成を含めマイクロ化が進められてきた。県内各地の新聞や全国紙の秋田県版,『菅江真澄遊覧記』,『解体新書』,『秋田県教育雑誌』,『秋田県気象月報』等の地域資料，貴重資料の『奈良絵本貴布祢』,『光悦本伊勢物語』等々である。令和3年度現在，マイクロフィルムの所蔵点数は4,901巻となっている。

　昨今，貴重資料の利用はデジタルアーカイブが多くなっているものの，新聞では未だにマイクロフィルムのニーズがある。劣化したフィルムへの対策が課題となっているが，デジタル化や複製等の対応をとりながら，今しばらくは地域資料のコレクションの一端として保存と提供を続けていくことになるだろう。

(3)　4代目図書館への移転

　1961（昭和36）年建設の建物の老朽化，書庫の収蔵能力が限界となっていたこと，閲覧室等の設備がサービスにそぐわなくなってきたことから，1990（平成2）年に「秋田県立秋田図書館・公文書館（仮称）建設計画」が策定された。新図書館については，市町村で対応できない専門的な調査・研究と資料収集など「図書館のための図書館」機能の充実が中心とされたが，特に大きな影響があったのはコンピュータシステムの導入および新設される県公文書館との併設であった。

　1993（平成5）年11月，新図書館が秋田市山王に開館した（写真6）。延床面積12,446㎡，地下1階，地上4階建てで，開架・

書庫を含めた収容冊数は 150 万冊である。約 40 万冊の蔵書の移転作業には 4 か月を要した。

写真 6　4 代目図書館

　新館移転に伴い図書購入費として平成 4 年度は 2 億円，5年度は 1 億円の予算が計上され，8 万冊以上の図書を受け入れている。地域資料については，既存の資料の複本を増やして貸出への便宜を図った。また，市町村への巡回訪問での情報収集，郷土出版に関する積極的な情報収集等，地域資料収集体制が整備されることとなった。

(4)　古文書の移管
　秋田県立図書館の地域資料サービスにおいて最も大きな出来事の一つは，1993（平成 5）年の移転に伴う古文書の県公文書館への移管である。
　1986（昭和 61）年の「秋田県総合発展計画後期実施計画」において，県公文書館の設置が定められ，図書館所蔵の古文書の多くが移管されることとなった。関係部署・施設による古文書移管連絡会議において，対象となる古文書の選定基準

が次のとおり定められた。

①秋田藩の政治，経済等歴史的諸事情に関する古文書，古記録。

②一般的な歴史書，戦記ものは大部分が写本なので，移管の対象としない。

③日々生起する歴史事情の記録とはいえない文芸，哲学などの資料は移管しない。

④各種文庫や，文庫を形成しなくとも個人の蔵書として一括できるものは，一括して移管するかしないかを決定する。

⑤国絵図，町絵図，村絵図のような絵図類は移管するが，書画軸，色紙短冊のような工芸・文芸資料は移管しない。

　これらの資料群は，図書館が長年にわたり収集してきた地域資料の中でも特に重要とされ，県文化財に指定された資料も含まれていた。会議では幾度も激しい議論が交わされたという。

　結論として，明治以来の資料から，歴史資料が中心となっている文庫の資料 37,477 点，藩政に関する記録類 1,495 点，古記録や藩士の家伝資料 5,543 点，絵図 9 点，さらにそれらの複製本とマイクロフィルムが移管されることとなった。

　文庫で文芸関係の資料が主となっているものや，藩政期の資料であっても学者や文人の蔵書や著作，書画軸等は対象から外れている。

　それまで歴史資料が中心だった秋田県立図書館の地域資料は，藩政期の文化・芸術関係および近現代の資料を中心とした資料群となった。新図書館への移転とコンピュータシステムの導入等の大きな変化も相まって，地域資料サービスのあり方を見直し，後にデジタル化等の新たな取り組みに踏み出

すきっかけの一つとなった。

　図書館の一部署だった古文書課も県公文書館に移り，古文書に関する業務が引き継がれた。県公文書館は1993（平成5）年に図書館と同時開館し，現在まで閲覧サービスや目録情報の作成・提供が行われている。また，2012（平成24）年に開始した「秋田県立図書館デジタルアーカイブ」には県公文書館所蔵の古文書の目録データも登録され，図書館の所蔵資料と合わせ，横断的に検索することが可能となった。

(5)　あきた文学資料館の開館

　2006（平成18）年4月に図書館分館として，あきた文学資料館（秋田市中通）が開館した。秋田ゆかりの近現代の文学資料を収集・保存・公開するとともに，県民の文学活動の拠点となることを目指した施設である。2021（令和3）年3月末で，寄贈・寄託による資料約8万5千点を所蔵している。資料収集や展示等の事業については，県内外の有識者による資料収集検討委員会とも協議し，必要に応じて図書館と分担しながら行っている。県内にはまだ多くの文学資源が個人や団体の所蔵資料として残っていると思われ，今後も収集に努めて地域の文化的遺産として保存・公開することを目指している。

6.5　現在の地域資料収集について

(1)　職員体制

　地域資料の担当者は，正職員1〜2人に非常勤職員がサポートにあたるという態勢をとっている。毎日のルーティンとなっている出版情報収集や寄贈資料の受付，選書や書店への

発注・整理，展示の企画・実施など，こなさなければならない業務の幅は広い。業務の中で何を優先するか，必要なのかを考え精査して当たらなければならない状況である。

　毎年の新規受入資料約2万冊のうち，地域資料は2,000〜3,000冊である。令和2年度は購入が約600冊，寄贈が約2,000冊と寄贈の割合が多い。

(2)　収集基準について

　「秋田県立図書館資料収集要項」により，一般図書，逐次刊行物，電子資料等とともに，地域資料に関する基準が定められている。基本方針として「郷土の歴史・文化を継承し，地域文化の振興と発展に寄与するための資料を収集」し，「秋田に関する資料は，網羅的に収集する」とされ，具体的な分野や媒体に関する定めはない。地域資料として収集の対象となるものは非常に幅広いため，特定の分野等に限定することはせず，基本的な考え方のみ明記する方が望ましいという考えによるものである。

　収集・選定にあたっては，職員がその時代ごとの社会状況や館のサービスに応じ，必要度や資料的価値を検討しながら収集を進めてきた。担当者の所蔵資料に関する知識と経験が必要とされ，司書としての力量が問われる部分である。

(3)　出版情報の収集

　地域資料収集に最も大事なのは出版情報の収集である。担当者が地元新聞の記事を毎日チェックするほか，地元の雑誌・テレビや人づての情報も有用である。常にアンテナをはりめぐらし，地域の出版関係者やさまざまな活動をしている人た

172

ちとつながる人脈づくりはもちろん，これらの業務を日々積み重ねていく根気も必要となる。

　自分の著作を寄贈する人も多い。地元在住の研究者や文学活動をしている人ばかりではなく，県内各地のさまざまな団体や企業まで，出版物は図書館へ寄贈する，という意識が根づいているように思われる。レファレンスサービスの利用者が図書館の回答を元に執筆した資料を寄贈する場合もあり，図書館の先輩たちが長年積み重ねた資料収集とサービスの賜物といえる。

(4)　購入について

　地元出版社の新刊書の購入はほとんどが地元の書店からで，見計らい図書の持ち込みや出版情報の提供を受けている。全国の例に漏れず秋田県内の書店数も大きく減少している状況であるため，一般の人たちが書店を通じて地域の出版物を入手できる機会が減っている。地域資料をしっかり収集し，提供するという公共図書館の責務が増している。

　平成26年度から県の方針として，貴重資料購入に特化した予算措置を受けている。作家の草稿や初版本など，分館のあきた文学資料館でも必要な資料や，戦前の地図や産業関係の資料等，レファレンスに役立つものを担当者が選定し購入している。

(5)　寄贈資料

　県関係の行政資料については，年1回，知事部局・教育庁・行政委員会の全部署と機関に庁内ネットワークのメールで依頼文書を送信している。毎年，送信後すぐに反応があり，職

員の異動が多い行政機関にあってかなり有効な方法である。着実な収集を行うことで，県の組織内で図書館の存在意義のアピールにもつながる。例えば，秋田で開催された国体に関する資料は，記録集やパンフレットからポスター等まで網羅的に保存しており，近年の国体を担当した県職員の業務に非常に役立った事例があった。

　また，長年にわたり市町村立図書館へも収集の協力依頼を行ってきた。巡回訪問の際に地域の出版情報をたずねたり，県民向けに資料収集の協力を呼びかけるチラシを置いてもらうなどしている。図書館以外の公共施設にも立ち寄り，地域のフリーペーパーや観光パンフレット等を収集するようにもしている。

(6) 地域資料独自の分類法

　創立から昭和20年代まで，当館における資料分類には帝国図書館に準じた8門分類が用いられていた。

　1931（昭和6）年に一般図書の8門分類に準じた形の郷土資料分類法（表1）が作成された。それより前の明治〜大正期に受入した地域資料は，一般図書と混架のままとなっている。

　現在まで使用している地域資料独自の分類法が作成されたのは1954（昭和29）年である。1949（昭和24）年から一般図書の自由接架室が設けられ，NDCに従った配架がなされるようになった。この時期に整理担当の職員4人のうち2人が郷土の専任とされて，NDCに基づいた「郷土資料分類基準」が作成され，1931年作成の分類法による資料は再整理が行われた。以降，現在まで改訂を経ながらこの基準に基づいて整理を行っている。

表1 郷土文献分類法（昭和6（1931）年作成）

帝国図書館の8門分類を参考とし，当館で作成された郷土分類法（87.
は郷土文献を表す記号）

87.1	1	神書	87.6	1	数学
	2	宗教		2	理学
87.2	1	哲学		3	医学
	2	倫理	87.7	1	工学
	3	教育		2	兵事
87.3	1	文学		3	美術
	2	詩歌俳諧		4	産業
	3	語学	87.8	1	事彙
87.4	1	歴史		2	叢書
	2	伝記		3	随筆
	3	地誌		4	雑書
	4	紀行		5	新聞
87.5	1	政治		6	雑誌
	2	法制	87.9	1	児童
	3	経済		2	青年
	4	社会			
	5	統計			

　課題としては，導入から年数が経過したことで，歴史や教
育等，資料数が大きく増えてしまった主題の細分化や，分類
しきれない資料に対応する新設の必要が出てきたことである
（図1）。

　2類の歴史・地理や3類の行政・統計，562の鉱山誌，612
の農業事業などでは最初から地理区分を設定しており，秋田
の地域事情を反映したものとなっている。地理区分は郡単位
で，2005（平成17）年の市町村合併以後も変更せず使用してい

る。また，秋田蘭画（721.9）など秋田独自の主題に関する分類もある。

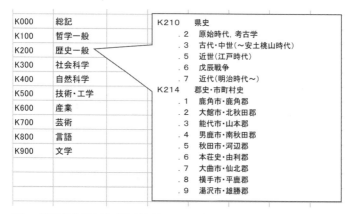

K000	総記	
K100	哲学一般	
K200	歴史一般	
K300	社会科学	
K400	自然科学	
K500	技術・工学	
K600	産業	
K700	芸術	
K800	言語	
K900	文学	

K210		県史
	.2	原始時代，考古学
	.3	古代・中世（〜安土桃山時代）
	.5	近世（江戸時代）
	.6	戊辰戦争
	.7	近代（明治時代〜）
K214		郡史・市町村史
	.1	鹿角市・鹿角郡
	.2	大館市・北秋田郡
	.3	能代市・山本郡
	.4	男鹿市・南秋田郡
	.5	秋田市・河辺郡
	.6	本荘史・由利郡
	.7	大曲市・仙北郡
	.8	横手市・平鹿郡
	.9	湯沢市・雄勝郡

図1　秋田県立図書館「郷土資料分類表」（昭和29（1954）年作成）抜粋

6.6 地域資料の保存について

(1) 書庫の保存環境

　秋田県立図書館の所蔵資料は一部の逐次刊行物以外，基本的に永年保存となっている。資料の劣化対策，書庫内スペースの確保が保存上の大きな課題である。

　1993（平成5）年に現在地に移転後，所蔵資料は約40万冊から96万冊まで増加した。地域資料の大部分が配架されている4階書庫の収容可能冊数は49万冊だが，現在は地域資料と貴重資料，一般資料を合計して約56万冊が配架され，想定を大きく上回った状態となっている。頻繁に棚の整理を行ってスペースを確保している状況である。

書庫は空調で気温 23℃，湿度 45％に保たれている。

　書庫の一角を壁で仕切った貴重書庫には明治期収集の古典籍・漢籍のほか，秋田ゆかりの資料では角館出身の秋田藩士小田野直武が図を描いた西洋医学書「解体新書」全 5 巻や江戸時代の戯作者・狂歌師の手柄岡持関係資料（秋田県指定有形文化財）など約 4 万 2 千冊が収められている。書架や壁面に調湿ボードを用い，特に貴重な資料は桐箱に入れる等の対策をとっている（写真 7）。

写真 7
貴重書庫

(2)　資料の装備

　地域資料はできる限り複本を収集し，必ず 1 部は永年保存用として書庫に配架している。形態や大きさが一般的な図書と異なっているものが多く，利用と保存の両方に対応できる装備を行うのが難しい場合も多い。また，寄贈資料や古書等は相当の年数が経過し，保存状態が良好ではない場合もあるため，新刊図書のように一律の仕様で対応するわけにはいかず，職員の地道な工夫が必要な業務となっている。

① 図書および冊子体の刊行物

保存用と貸出用で装備方法を変えている。保存用はなるべく元の姿を変えないよう，請求記号やバーコードのラベル貼付以外は避けている。また，古い資料は中性紙の封筒に入れる，ページ数の少ない薄い資料は中性紙で表紙を付ける等している。貸出用はフィルムコートで全体をコーティングする等，破損防止のための装備である。業者発注の製本は経費を要するため現在は行っていない。

② 冊子体以外の資料

作家の草稿・書簡，写真等は，中性紙の封筒やケースで保存している。書画やポスター等，市販品に適当なサイズの保存用品が見当たらない資料は，担当が手作業で中性紙のケースを作成することも多い。限られた人手と予算の中でどこまで手をかけるべきか，常に考えながらの作業である。

写真8
秋田倶楽部
関係資料

写真9　映画館や劇場の半券，
チラシ

写真10　組曲「大いなる秋田」
ほか

　一例として，秋田市内の閉店した料亭から寄贈された大福
帳や戦前の建物の写真等は，寄贈時の家紋入りの箱にそのま
ま収納している（写真8）。作曲家による手書きの楽譜やメモ
等はまとめて保存箱に入れている（写真10）。

　また，地域資料ならではの工夫として，資料に地元紙等の
書評や紹介記事の切り抜きを添付することもある。利用者と
職員の双方にとって貴重な情報源となっている。

　時代とともに装備用品や方法も変遷しており，過去に行っ
た装備が原因で資料の劣化が進む場合もある。中性紙，糊，
補修テープ等となるべく影響の少ないものを選択してはいる
が，将来的に最適のものかわからないのが難しい。

　軸装されている書画の補修は状態に応じて専門業者に依頼
することもあったが，近年は予算の都合で実施できていない。
脱酸処理等も含め，専門技術が必要な保存対策についても今
後を想定した計画が必要であろう。課題の多い状況ではある
が，後世に資料を残すために必要なことはできる限り行って
いきたいと考えている。

(1) 目録・索引の作成と提供

秋田県立図書館が冊子として作成・刊行した目録・索引は，1901（明治34）年の『秋田図書館和漢書書名目録』を皮切りに，1999（平成11）年刊行の『秋田県立図書館所蔵書画目録追補版』まで75種類に及ぶ。そのうち，地域資料に関するものを表2に示した。県公文書館に移管された資料を除くと，現在はほぼすべての資料の目録・索引情報がコンピュータシステムに登録され，WebOPACやデジタルアーカイブで検索が可能となっている。

郷土雑誌の記事索引は現在も採録を継続しているが，冊子体の刊行は行わず，直接デジタルアーカイブで公開するようになっている。目録・索引に関する近年の取り組みから，いくつか紹介したい。

ア　秋田魁新報記事索引

地元紙の『秋田魁新報』は1900（明治33）年1月から所蔵しており，記事索引を継続して作成してきた。レファレンスツールとして根強いニーズがあったため，近年の緊急雇用対策事業を活用してそれまでのカード形式からデータ化し，2001（平成13）年からホームページで公開を開始した。

その後，秋田魁新報社から記事の電子版サービスとの住み分けについて協議の申し出があり，公開範囲や著作権等について2003（平成15）年に確認書を交わしている。これにより図書館が公開する記事索引の期間は1905（明治38）年〜1999（平成11）年となった。現在は魁電子版データベースが一般に普及したこともあり，採録を休止している。

表2　地域資料関係目録一覧（秋田県立図書館刊行図書目録から抜粋）

標　　　題	刊行年
秋田県立秋田図書館蔵　平田篤胤先生著作・佐藤信淵先生著作・根本通明先生著作目録	昭和 5
秋田図書館郷土文献総合目録	昭和 6
秋田県立秋田図書館（本・分館蔵）郷土文献目録	昭和 6
秋田県立秋田図書館蔵　平田篤胤先生著作・佐藤信淵先生著作目録	昭和 11
秋田県立秋田図書館郷土文献目録	昭和 14
秋田県立秋田図書館蔵　佐竹文庫目録　壱	昭和 30
秋田県立秋田図書館蔵　佐竹文庫目録　弐・参	昭和 32
秋田県立秋田図書館蔵　東山文庫目録	昭和 34
秋田県立秋田図書館蔵　郷土文献目録	昭和 36
秋田県立秋田図書館蔵　戸村文庫目録	昭和 37
秋田県立秋田図書館蔵　狩野文庫　岡文庫目録	昭和 38
昭和十年度以前郷土資料・昭和三十四年度以前収蔵郷土人著作目録	昭和 39
秋田県立秋田図書館所蔵　郷土文献目録2	昭和 43
秋田県立秋田図書館所蔵　時雨庵文庫目録	昭和 45
菊地文庫　秋林文庫　田口文庫　目録	昭和 46
秋田県歴史資料目録　8	昭和 47
秋田県歴史資料目録　9（湊・落穂文庫所収）	昭和 48
秋田県歴史資料目録　10（安藤・長岐文書）	昭和 49
秋田県歴史資料目録　11（今野・山崎・石井忠行・大窪文庫）	昭和 50
秋田県歴史資料目録　12（本荘市古文書目録　他）	昭和 51
秋田県歴史資料目録　13（元禄家伝文書）	昭和 52
秋田県歴史資料目録　14（山本町所蔵古文書目録　他）	昭和 53
秋田県歴史資料目録　15（渡部斧松文書　上）	昭和 54
秋田県歴史資料目録　16（渡部斧松文書　下）	昭和 55
秋田県歴史資料目録　17（日本武道文庫分類目録　他）	昭和 56
秋田県歴史資料目録　18（千秋文庫史料目録　他）	昭和 57
秋田県歴史資料目録　19（真坂昌五郎家文書　他）	昭和 58
秋田県歴史資料目録　20（鳥海町所在資料　2）	昭和 59
秋田県歴史資料目録　21（出羽国秋田郡南比内大葛金山荒谷家文書目録　他）	昭和 60
秋田県歴史資料目録　22（本荘市史編さん室収集資料　1）	昭和 61

イ　秋田県関係人物文献索引・秋田県関係雑誌記事索引

　　昭和から平成まで継続して作成・刊行されてきたツールである。その後更新されていないが，索引データは「秋田県立図書館デジタルアーカイブ」で検索が可能であり，レファレンスツールとして現在でも活用されている。

　　図書館のシステム化や社会全体の IT 化により利用者，司書を問わず，誰でもある程度の情報検索が可能となっている時代ではあるものの，地域の歴史・文化と資料の双方

を熟知した司書が作成する索引には，検索だけでは探せない資料も掲載されていて，情報源としての価値は高い。

ウ　地域資料の県内総合目録

　県内における地域資料の総合目録は，「秋田県立図書館（本，分館蔵）郷土文献総合目録」（1932 年）が最初である。県内の 7 図書館（花輪・大館・能代・土崎・本荘・大曲・横手）が郡立図書館時代を経て，県立図書館分館となっていた時代である。

　その後，1977（昭和 52）年から 1991（平成 3）年までは『秋田県内出版物目録』が刊行されている。コンピュータシステム導入後の 1996（平成 8）年からは，当館の所蔵データベースに市町村立図書館の所蔵館情報を加えるという形で作成されていたが，市町村立図書館におけるシステム導入が進んだことでこの事業も休止となっている。

　1994（平成 6）年からは，当館収集の地域資料の一覧である『秋田県立図書館郷土資料情報』（年 3 回刊）を刊行していたが，2005（平成 17）年に当館で県内横断検索システムが構築され，ホームページから全県の公共図書館を一括検索できるようになったことで，紙媒体の刊行物は終了することとなった。令和 3 年度現在，県内横断検索システムには図書館 54 館（県内の大学図書館 7 館も含む），公民館図書室 11 室が参加している。

(2)　閲覧室での地域資料サービス

　現在も，図書館の地域資料サービスがすべての利用者に周知されているわけではない。地域資料に利用者がアクセスしやすいようにし，利用環境を整えることが地域資料サービス

写真 11　郷土資料
コーナー

の課題の一つだと考えている。

　当館では，閲覧室の入り口近く，利用者の目に最も入りや
すい位置に郷土資料コーナーが置かれている（写真11）。配
架冊数は約1万5千冊である。このコーナーでは2か月ごと
にテーマ展示を行っており，開催回数は累計120回を超える。
年に一度，1年分の寄贈資料をまとめて紹介する展示，月替
わりで地域資料担当のおすすめ本の展示も行っている。その
他にも，大きなニュースがあった際はスポット的に関連資料
展示を行うなど，地域の情報コーナーとしての性格も強い。

　閲覧室内ではほかにも，子育て情報コーナーに地域の子育
て支援に関するパンフレットを置いたり，分類291の書架に
県内の観光パンフレットを置いたりと，ジャンルに応じて複
数の箇所で地域情報を提供している。

　また，幼児から小学生向けの調べ学習コーナーの一部を「児
童郷土資料コーナー」として，読み物や絵本，地理，伝記等
の資料約500冊を配架している。来館する子どもたちの読書
や地域学習に活用されているが，地域資料には児童向けに作

成・刊行されたものが少なく，資料数がなかなか増えないのが悩みとなっている。

(3) レファレンスサービス

　令和2年度に受け付けたレファレンス質問は全体で10,262件，そのうち地域資料関連は2,077件だった。ジャンルとしては歴史的な事項に関する質問が多い。事例は国立国会図書館のレファレンス協同データベースへ登録しており，令和2年度は合計で106件を登録した。

　現在，レファレンスツールとして作成を継続しているのはパスファインダーである（図2）。質問の多い主題や当館が実施している課題解決支援サービスに対応した主題等，6種類を郷土資料コーナーで提供しており，レファレンス担当職員が分担して更新している。

　レファレンス質問の調査はカウンター担当の正職員・非常勤職員10数人で担当しているが，新型コロナウイルス感染症の影響で来館できない利用者が増えたためか，質問件数は前年度よりも増加しており，一人あたりの担当件数も増えている。この状況がいつまで続くか見通しは立たないものの，業務の分担方法やレファレンス記録の残し方，職員研修の体制等，効率的な調査回答を行うための工夫が必要になってきている。データベースの一層の活用や調べ方案内の充実等，課題となっている事柄も多い。

郷土に関するもの②　【秋田県立図書館　調べ方ガイド　NO.6002】 2018年11月20日

秋田県のニュースについて調べるには

ニュースとは最新の情報や出来事の報道のことを言います。ここでは、秋田県に関するニュースを調べる際役に立つ資料をご紹介します。

- 一般書架No.１０、ビジネス支援コーナーなど、［　　］は資料のある場所を表示しています。
- 「書庫」と記載のある資料は、カウンターにご請求ください。
- 「◆禁帯出◆」と記載のある資料は、貸出できません。館内でご覧ください。
- インターネットによる情報は平成３０年１１月２０日現在のものです。
- 図書には１冊ごとに分類記号があり、棚にはこの分類記号順に並んでいます。例）【R366.1/アア/1】

R366.
アア
1

1．秋田県立図書館の図書で調べる

・『秋田魁年鑑』（秋田魁新報社編・発行）【059/アア/郷】 郷土資料No.43 ◆禁帯出◆
昭和２８年版から平成23年版まで所蔵。前年のニュースを中心に、人名・団体名簿等も収録。平成２３年版刊行終了し、翌年から『さきがけNEWS　Ｆｉｌｅ』と『DATE　Ｆｉｌｅあきた』に分かれて発行。現在は刊行終了。

・『さきがけNEWS　Ｆｉｌｅ』（秋田魁新報編・発行）【071/アサ/郷】
郷土資料No.43
主なニュースを収録。２０１１年版から発行。『秋田魁年鑑』のニュース部分にあたる。

2．原紙で調べる

全国紙や地方紙を所蔵。（一部の新聞はマイクロフィルムでの閲覧。）
☆書庫に保管されている新聞を閲覧希望の場合、カウンターへお申し込みください。

・所蔵新聞一覧
https://www.apl.pref.akita.jp/kensaku/newspaper.html

3．データベースで調べる（ご利用はカウンターまでお問い合わせください）

・「さきがけデータベース」
2004年8月以降の記事を検索できる。紙面発行日の翌日より検索可能。

・「聞蔵Ⅱ」
1985年以降の朝日新聞記事、「ＡＥＲＡ」1988年５月創刊号から、「週刊朝日」2000年４月からの全文記事検索ができる。

図２　パスファインダー

・「日経テレコン21」
　1975年以降の日経各新聞記事が検索可能。

4. インターネットで調べる
・「さきがけon The Web」　https://www.sakigake.jp/
　提供：秋田魁新報社　（確認日付：2018.11.4)
　1ヶ月以内の秋田魁新報の記事から選択されたニュースを見ることができる。

・「秋田経済新聞」　https://akita.keizai.biz/
　提供：秋田経済新聞　（確認日付：2018.11.4)
　広域秋田圏のビジネス＆カルチャーニュースが提供されている。

・「北鹿新聞」　http://www.hokuroku.co.jp/
　提供：北鹿新聞社　（確認日付：2018.11.4)
　秋田県北東部（大館鹿角地域中心）を発行エリアとする日刊紙。
　HPでは過去3か月分の記事を見ることができる。

・「北羽新報」　http://www.hokuu.co.jp/zennbun.html
　提供：北羽新報社　（確認日付：2018.11.4)
　秋田県北西部（能代藤里地域中心）を発行エリアとする日刊紙。
　HPでは前々年までの記事を見ることができる。

・「秋田民報社WEBSITE」　http://a-minpo.com/
　提供：秋田民報社　（確認日付：2018.11.4)
　大仙市の新聞社。ニュースのバックナンバーも掲載。

詳しくは…
秋田県立図書館 （Akita Prefectural Library）
〒010-0952　秋田県秋田市山王新町14-31
https://www.apl.pref.akita.jp/
TEL 018-866-8400　FAX 018-866-6200
E-mail apl@apl.pref.akita.jp

---

(4)　デジタル化事業の歩み

　当館では平成7年度から地域資料のデジタル化に取り組み，ホームページ上で公開してきた。現在まで20年以上に

わたる事業のノウハウとコンテンツの蓄積が，今日の「秋田県立図書館デジタルアーカイブ」の礎となっている。

　これまで行ってきたデジタル化事業の主なものは，次のとおりである。

ア　「菅江真澄遊覧記」CD-R 作成

　　平成 7 年度実施。江戸時代の紀行家菅江真澄の著作 111 冊（秋田県立博物館へ移管）を 1 枚の CD-R に収録し貸出できるようにした。自館で作成したデジタル資料を利用者に貸出したのは公共図書館として初めての試みである。

イ　社会教育施設情報化・活性化事業（図 3）

　　平成 9 年度から 3 年間，文部省の委嘱により実施。古典籍や郷土雑誌のほか，県内の図書館等で所蔵する貴重資料をデジタル化しホームページで公開した。また，県内の祭りの動画，県内各地に残る昔語りの音声といったコンテンツも作成・公開した。

図 3　図書館ホームページ（昔語り）

ウ　郷土新聞・雑誌の索引化（図4）

　　平成12年度から緊急雇用対策事業を活用し，秋田魁新報の記事見出しをデータ化して公開。また，「秋田県関係人物文献索引」，「郷土関係雑誌記事索引」のデータ化，公開も行った。

図4　図書館ホームページ（記事索引）

エ　民間企業とのデジタル化共同研究

　　2011（平成23）年10月から1年間，株式会社みどり光学社（秋田市）との共同研究事業として実施。書画軸，色紙，図書等多様な資料について，撮影方法やデータ形式，メタデータ等を検討し，地域の実情に合ったデジタルアーカイブ仕様の作成を試みた。

オ　メタデータ統合実証実験

　　平成23年度，総務省の実証実験。秋田県立の博物館，美術館，公文書館等アーカイブ4機関の目録データの統合

を試みた。

当初からデジタル化事業にあたり，念頭に置いていたのは次の3点である。

①公開の機会が少なかった貴重資料の活用
②失われつつある地域遺産の保存
③図書館が作成した索引等のアナログ情報の活用

多様な地域資料とその文献情報，祭り等の地域文化までを含めて図書館から発信・提供することで，地域の情報センターとしての機能を強化しようとするものだった。

(5) 秋田県立図書館デジタルアーカイブの構築

図5　デジタルアーカイブ　トップ画面

2012（平成24）年10月に「秋田県立図書館デジタルアーカイブ」がサービスを開始した（図5）。県立のアーカイブ機関が独自に作成していたデジタルコンテンツを一括して登録・公開したアーカイブシステムで，参加機関は図書館のほか，あきた文学資料館，秋田県公文書館，秋田県立博物館，秋田県立近代美術館，秋田県埋蔵文化財センター，秋田県生涯学

習センターの7機関である。

　オープン当初は図書館を含めた2機関，登録データ数は456,280件だったが，令和2年度末現在の登録データは7機関で610,943件，アクセス数は年間2万5千件近くにのぼる。図書館の所蔵資料では，秋田県指定文化財となっている絵巻物「御曹子島わたり」ほかの画像データ2千点，索引データ44万件，100件の民話の音声等に加えて，あきた文学資料館の目録データ，秋田県立近代美術館の絵画の画像，秋田県公文書館の絵図や貴重資料の画像等が登録されている。

　管理・運営については，図書館が全体の取りまとめを行っている。参加機関の費用負担はなく，各機関からデータ登録・編集等の作業が可能となっている。

(6)　デジタル化の課題と今後

　公共図書館として，早い段階からこれだけの質・量の地域資料のデジタルコンテンツを作成・公開し，地域のアーカイブ機関を取りまとめたポータルを構築できた意義は大きい。

　現在では国内の公共図書館でもデジタルアーカイブを公開している館が増え，参考にすべき事例も多い。地域の宝である資料をデジタル形式で残すことの重要性が注目され，公共図書館にとって欠かせないサービスとなりつつある。

　当館でも，より使いやすく探しやすいシステムの構築，コンテンツの充実等を含め，次期アーカイブシステムの計画に取りかかる時期を迎えている。よりよい運用のため，参加機関との連携体制についても再検討が必要となるだろう。いずれについても専門性をもった人材と相応の予算の裏づけが必要であり，図書館として長期的な視野をもってあたっていか

ねばならない。

6.8 まとめ

　最後に，これまでの地域資料コレクションの形成とサービスの移り変わりについて簡単にまとめてみたい。

　創立当時に収集の中心となっていたのは秋田藩ゆかりの学者・文人の著作や蔵書，古文書類で，こうした資料は現在も継続して収集・保存し，貴重資料として扱われている。

　昭和の初めには 6.3 にあるとおり，地域資料を活用した課題解決支援に近い考え方も出てきた。産業，教育，政治，その他秋田に関する多様な資料が収集対象となり，現在に近い形となっている。

　その後，マイクロフィルムや視聴覚資料，近年ではデジタル資料も加わり，多様な分野・媒体によるコレクションが形成されている。

　サービス面では，開架に郷土資料コーナーが設けられたのは 1969（昭和 44）年のことで，それまで地域資料に関する情報発信としては，目録や索引による情報提供や展示での活用が中心であった。1993（平成 5）年に現在の館に移ってからは郷土資料コーナーが拡充されて，利用者が自由に手に取ることができる資料が大きく増えた。ホームページや館内 OPAC の整備も相まって，利用者の地域資料に対する認知度向上・利用増につながった。

　さらにデジタル化によって，貴重資料が多くの人の目に触れるようになり，明治以来の地域資料の蓄積が十分に活用される環境がようやく整ったといえる。

サービス体制の充実をはじめ，今後の課題は多いものの，
IT 技術等の進歩によって図書館サービスにも時間・空間の
制限がなくなり，可能性が広がった。これからも秋田の公共
図書館の中核を担う図書館として，地域資料サービスに取り
組んでいきたいと考えている。

　今回，秋田県立図書館の根幹ともいえる地域資料について，
長年の積み重ねの大きさを改めて認識する機会となった。新
築・移転を繰り返しながらも資料を収集・保存してきたこと
が，デジタル化をはじめとした今日のサービスにつながって
いる。

　120 年の歴史の中で，職員数や予算が潤沢だった時期は決
して多くはない。時には古文書の移管といった大きな出来事
を経ながら，なお地域資料が当館の蔵書の核たり得ているの
は，時代ごとに地域資料のあり方を考え，常に新たな事業に
取り組んできた歴代の職員たちの仕事の成果だと改めて感じ
た次第である。

注

1)　「県立秋田図書館の近況」『秋田県教育雑誌』124 号，秋田県教育会事
　　務所，1902，p.43-45
2)　吉村定吉「巻頭言」『秋田図書館報』第 2 号，1927，p.1-4
3)　「簡易郷土博物室陳列目録」秋田県立秋田図書館・秋田市社会教育委
　　員会，1941
4)　豊沢武「秋田県立秋田図書館郷土博物室」『博物館研究』14 巻 9 号，
　　1941，p.66-68

7章 岡山県立図書館の魅力発信と「デジタル岡山大百科」

　本章では，岡山県立図書館が取り組んでいる地域資料（以下，岡山県立図書館における位置づけ・呼称として「郷土資料」を用いる）のサービス展開について，従来の図書館サービスとしての基本的な活動と，電子図書館システムとしてインターネット上に展開する「デジタル岡山大百科」の二つを紹介していきたい。

7.1 岡山県立図書館

図1　岡山県立図書館

　岡山県立図書館は，1906（明治39）年に設立された岡山県立戦捷記念図書館が名称や場所，建物の変遷を経て，2004

年9月25日に新館開館した。都道府県立の図書館としては14年連続（2005〜2018年度），入館者数と個人貸出冊数が全国1位となるなど，多くの人に利用されている図書館である。

1998年9月に策定の「岡山県立図書館基本構想（答申）」以来，①県民に開かれた図書館，②県域の中枢となる図書館，③調査・研究センターとしての図書館，④デジタルネットワークに対応する図書館，⑤資料保存センターとしての図書館，の5つを基本的性格としてサービスの展開，拡充に努めてきた。

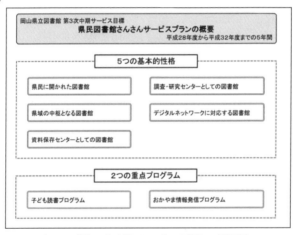

図2 「第3次中期サービス目標」の概要図

7.2 郷土資料

岡山県立図書館では，郷土岡山に関するさまざまな資料を「郷土資料」と呼んでいる。

郷土資料には，岡山に関する歴史，地理，文化，経済，産

業等の資料や，岡山ゆかりの人物の資料などがあるが，その範囲を古代吉備文化圏および密接な関連地域にまで広げ，「吉備文化資料」として，重点的に収集を行っている。

また，「第3次中期サービス目標」（2016〜2020年度）では，先に挙げた5つの基本的性格に加え，重点プログラムの一つとして「おかやま情報発信プログラム」を策定し，収集した資料の利用促進，郷土岡山の魅力発信に努めてきた。

7.3 郷土資料の収集・保存

1906年の設立から蓄積された約16万冊の蔵書は，1945年6月29日の岡山空襲により建物ともども焼失した。罹災前の資料疎開の結果，わずかな郷土関連の和装本類だけが例外的に残り，当時の惨状を伝える蒸し焼き状態となった資料の一部とともに，現在も当館の貴重書庫に保管されている。戦前期に刊行された自館の蔵書目録に記載が見えながら，所蔵を確認できない郷土資料は今なお多く，地域史の1ページともいうべき記録の一端を失った事実を真摯に受けとめなければならない。

図3　蒸し焼き資料

196

こうした教訓をふまえ，現在では同一タイトルの郷土資料
について原則 3 部（逐次刊行物は 2 部）ずつ収集し，2 部目ま
では館内閲覧，保存を目的に受け入れ，3 部目を館外貸出用
として提供している。経年利用に伴う汚破損，亡失など不測
の事態を想定し，資料ごとに利用頻度を調整することで永続
的な利用と保存に配慮している。さらに代替資料の入手が困
難でありながら，基本資料として利用が多く見込まれる古い
郷土資料においては，良好な状態を維持するため，紙媒体に
よる複製物の作製やデジタル化を通じた画像データの提供な
ど（7.5(2)「郷土情報ネットワーク」を参照），資料保存を優先さ
せた提供のあり方も進めている。

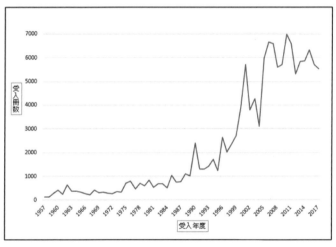

図 4　年度ごとの郷土資料受入冊数

　郷土資料は収集方針，選定基準に基づき，先述した吉備文
化資料，岡山のあらゆる事物・事象に関する出版物が対象で

ある。新館開館直前の 2003 年度末には約 5 万 4 千冊にすぎ
なかった郷土資料は，開館から 17 年経過した 2020 年度末時
点で 15 万冊を超え，約 3 倍の蔵書数となっている。これは
2011 年度以降，第 2 次および第 3 次の「中期サービス目標」
（各 5 か年）を通じ，郷土資料の受入冊数を重点目標に掲げ
たことが増加の要因に挙げられる。また，県内を発行地とす
る出版物，出身・在住・在職者による著作物については地域
的な主題内容を問わず，広義の郷土関連資料とみなし，一般
資料の選定時に積極的収集を継続している。

　一口に郷土資料の網羅的収集といっても，そのほとんどが
商業出版とは限らず，多様な刊行目的と形態，流通経路をた
どり，発行部数も決して多くはない。フリーペーパーやパン
フレット，各種要覧，逐次刊行物のように時限性の高い情報
源ほど，刊行から時が経つにつれて遡及入手の可能性が低く
なる傾向は顕著になる。購入や寄贈を待つだけでは網羅した
ことにはならず，まずはこうした郷土資料の刊行情報を適時
に把握し，刊行時点から収集の働きかけを能動的に行う必要
がある。郷土資料にはことのほか，刊行年の記載がない場合
も多く，後年の活用を見すえて同時代資料として早期に収集
を図ることにより，受入記録をもって刊行年代を推定する一
つの目安ともなる。

　当館では，ホームページ上で郷土資料の提供を呼びかける
広報以外にも，収集・保存に向けた具体的な取り組みを次の
ように計画的に進めている。

　岡山県立図書館に対する行政資料の提供を義務とする納本
規定はないが，自治体サイトからアクセス可能な行政情報は
多岐にわたる。年度ごとに策定される法定計画については，

その素案も含め注視し，選定候補資料としてリストアップ作業を行う。年度末には，図書館法第3条第1項，第9条第2項を根拠として当該年度中に発行された行政資料の提供依頼文書を県の関連機関および県内各自治体に発送している。その際，当該自治体における未提供の行政資料一覧を参考例に掲げ，紙媒体での刊行物提供が難しい場合には，公開中の電子データからの印刷製本の許諾と当館デジタルアーカイブ上での公開可否もあわせて照会している。そのほかにも，県内社会教育主事等研修会などの会議における各機関への寄贈依頼，各種報告書や要覧など定期刊行の郷土資料は，年度別の所蔵状況を記録した継続収集リストを作成し，各年度の収集漏れがないよう留意している。

また，地元の新聞，雑誌，自治体広報，出版社などで紹介された刊行情報を郷土資料担当者が日々チェックし，資料選定の判断材料などに活かしている。

県立図書館が収集対象とする郷土資料は，県内の各自治体図書館が所蔵する郷土資料を包括するケースが少なくない。一義的には，県立図書館が県行政資料の悉皆収集を達成するとともに，全県域水準で郷土資料の保存体制を総合的にバックアップ，または相互補完する"最後の砦"の役割を担っている。他方で，よりきめ細やかな郷土資料を収集する"最初の砦"が市町村の公共図書館である。年に一度開催される県内図書館担当者の会議ではこのことを再確認し，連携協力をとりながら郷土資料の情報交換を活発にし，図書館ネットワークを活用した寄贈資料の相互搬送のやりとりを日常的に実施している。

郷土資料の提供・魅力発信

　岡山県立図書館では，郷土資料を積極的に収集・保存する一方，県民に広く知らせ，利用してもらうための工夫を行っている。後述する「7.5　『デジタル岡山大百科』」とともにその事例をいくつか紹介する。

図5　展示の様子「岡山シネマ散歩」

　例えば，図書館の1階エレベーター前や2階郷土資料部門では，タイムリーで利用者の興味・関心が高い話題をテーマにした企画展示を行い，県立図書館ならではの豊富な資料を提供している。郷土ゆかりの人物やハンセン病問題，学校関係資料といった恒例の展示のほか，県内の日本遺産認定，県内映画ロケ地紹介，「倉敷市・児島市・玉島市合併50年」（2017年），「生誕600年　画聖雪舟と総社」（2020年）など，旬の話題を取り上げた展示を行っている。

　特に，近年は岡山県立博物館，岡山県立記録資料館等，県内各機関との積極的な連携により，図書館資料と合わせて，写真や関連グッズなどの多彩な資料を展示し，幅広い世代か

ら好評を得ている。中でも秋に行う連携展示は，年度ごとに「酒」や「橋」といった共通テーマを設定し，県内の複数の図書館や博物館等が規模や館種を越え各館の持ち味を生かした展示を行っている。個々の館での展示は小規模（そしておそらく予算的にも厳しい中）でも，各館が連携することで資料の種類や地域，時代に広がりをもたせることが可能となっている。

図6　他機関との連携展示

　その他，先の「7.3　郷土資料の収集・保存」において述べた，刊行情報を日々チェックし集約したリストを県内の公共・大学図書館に対しても毎月提供している。これは，新聞や雑誌等に掲載された岡山に関する出版物や，岡山ゆかりの著者による著作物などの情報を各図書館に提供することで，岡山県立図書館だけでなく県内図書館でも郷土資料の充実が進み，全県的な意味で岡山の魅力発信につながる効果を想定している。また，近年頻発する地震や水害などによる不測の事態に備え，郷土資料の共同保存，危機分散という点も期待できる。

図7 「おかやまクイズ」の一コマ

　資料提供だけにとどまらない魅力発信としては，2016年から毎週日曜日，児童室のおはなしのへやで，「おかやまクイズ」を実施している。岡山後楽園や方言，点字ブロックなど，岡山に関するテーマごとに3問程度の三択クイズを用意するが，クイズの参加者にとって，楽しく郷土岡山の情報に触れるきっかけとなっているようである。参加の多くは就学前の子どもたちだが，「岡山城にこの前行ったよ」，「○○町はおじいちゃんちがある」など，自分にとって身近な接点を見つけて喜んでいる様子や，家族にとっても郷土岡山の魅力再発見につながる楽しさなどが伝わってくる。

表1 「おかやまクイズ」のテーマ一覧（2020年度末現在）

蒜山高原	岡山城	岡山の桜	平櫛田中
備前焼	県立図書館	おかやまのきせき	市町村の人口・面積
白桃	岡山県	岡山のミュージアム	岡山の通りの名前
点字ブロック	岡山空港	岡山の気温・積雪	和気町の日本一
大原美術館	岡山の温泉	岡山のものづくり	鉄道
西大寺会陽	岡山の温泉2	ヌートリア	岡山と宇宙
人見絹枝	○○太郎	おもしろ地名	自然保護
後楽園	マスカット	スポーツチーム名	犬島
県の鳥・木・花	ファジアーノ岡山	おかやまのたべもの	ヒノキ
宮本武蔵	カブトガニ	岡山の日本一	魔法神社
岡山弁1	日生のカキオコ	昔の生き物の名前	岡山の象
岡山弁2	オオサンショウウオ	桃太郎	岡山の名人
岡山弁3	漫画家	岡山の横綱	岡山のふでじく
岡山のいまとむかし	おかやまのカメ	雪舟	岡山の風習

7.5 「デジタル岡山大百科」

　これまで述べてきた従来の図書館サービスとあわせ，イン
ターネット上に岡山県立図書館電子図書館システム「デジタ
ル岡山大百科」（http://digioka.libnet.pref.okayama.jp/）を構築，提
供している。

　「いつでも」，「どこからでも」郷土情報を入手することが
できる「デジタル岡山大百科」について，最初に構築の背景
と経緯，次に 3 つのサービス機能，①「郷土情報ネットワー
ク」，②「岡山県図書館横断検索システム」，③「レファレン
スデータベース」のそれぞれについて説明していきたい。

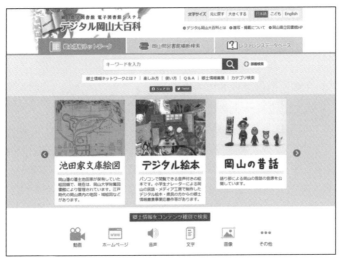

図 8 「デジタル岡山大百科」トップページ

(1) 「デジタル岡山大百科」構築の背景と経緯

　「デジタル岡山大百科」は，郷土岡山について百科事典的に調べられることを目指す，県民参加型の電子図書館システムである。その端緒は，岡山県が全国に先駆けて整備した情報通信基盤である岡山情報ハイウェイをいかに有効利用するかという課題を検討，実証するため，1996 年 10 月に「電子図書館ネットワーク研究会」がモデル実験へ参加したことに始まる。「電子図書館ネットワーク研究会」は岡山県総合文化センターが中心となり，県内図書館，企業等とともに組織した研究グループであった。

　1996 年度から 3 年間の実験期間では当初，「分散型総合目録システム」と「画像情報提供システム（デジタル岡山大百科）」の二つのシステム構築について検討，実験を行った。その後，現在のように「レファレンスデータベース」を加えた三つのサービス機能をもって「デジタル岡山大百科」を構成するという形になっている。

(2) 「郷土情報ネットワーク」

　「郷土情報ネットワーク」の原形は，「電子図書館ネットワーク研究会」によって公開された「画像情報提供システム」にさかのぼる。実験当初には検索機能などはなく，文字や静止画を中心とした一次情報を一覧的に提供するのみであった。コンテンツとしては「地図でみる岡山のうつりかわり」（地図情報），「『岡山県総合文化センターニュース』電子配布」（PDF データ），「岡山人物往来」（文字・画像情報による人物紹介）があった。その後，緊急地域雇用事業等により所蔵絵図・和装本等のデジタル化などが行われ，それらがコンテンツとし

て公開されたのが2001年12月である。

2004年9月の新県立図書館開館に合わせた「デジタル岡山大百科」の正式稼働の際には，デジタルコンテンツに目録としてのメタデータを付与することで，メタデータ検索から一次情報提供への展開を行う仕組みを整え，当館分のみならず，Web公開された関係機関のデータベースとの連携を行う本格的なシステムが構築され，現在に至っている。

「郷土情報ネットワーク」のメタデータは，国際標準規格のISO規格，国内標準規格のJIS規格に採用される通称Dublin Core（ダブリンコア）形式に準拠した記述を用いており，多彩な検索を可能としている。また，国際標準規格を用いることで大学・企業等，他分野のデータベースとの連携が可能となっている。

具体的には
①タイトル（Title）
②作成者（Creator）
③公開者（Publisher）
④主題（Subject：NDC分類，夢づくり分類，子ども分類，件名，キーワード）
⑤内容記述（Description）
⑥出処，情報源（Source）
⑦想定利用者（Audience：一般，高等学校，中学校，小学校高学年，小学校低学年以下より選択入力）
⑧時空間範囲（Coverage：どの時期，場所を対象としたものかを入力）
⑨日付（Date：作成日，公開日，更新日，有効期限日，利用開始日）

⑩寄与者（Contributor）
⑪該当情報 URL（Resource Identifier）
⑫関連情報 URL（Relation）
⑬資源タイプ（Type）
⑭記録形式（Format；システムにより自動認識）
⑮言語（Language）

の 15 項目の公開情報を登録することができる。Dublin Core
の 15 要素との違いは「権利管理」（Rights）に代わり「想定
利用者」（Audience）を採用していること，16 番目の要素にメ
タデータの管理情報として「メタデータ作成者」をもってい
ることである。中でも「時空間範囲」（Coverage）を活用する
ことで，地図や年表からの検索が可能になっている点も特色
の一つである。

① 所蔵資料のデジタル化

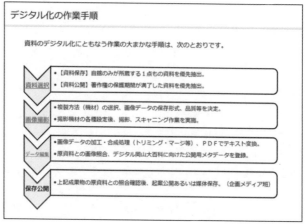

図9 デジタル化の作業手順

所蔵絵図・和装本等のコンテンツ公開にあたっては当初，「DjVu」（デジャヴ，主に和装本向け），「Gigaview」（ギガビュー，主に絵図向け）といったフリーのプラグイン（拡張機能）を用いていた。しかし，その後のシステム更新時には特別なプラグインやブラウザ依存を避け，可能な限り標準的なパソコン，携帯機器などからでも閲覧できるようなファイル形式に見直しを行った。

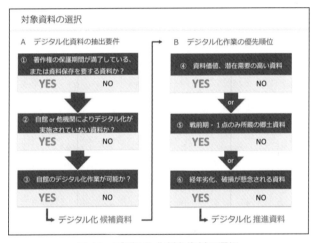

図10　デジタル化対象資料の選択

　公開するコンテンツには基本的に 100〜400 字程度の解説を付けている。これは，専門家が研究や調査のために閲覧するばかりではなく，一般の利用者にとってもどのような資料なのかがわかるように，さらには学びや興味を広げる一助となることを想定してのことである。解説の作成は，岡山県立図書館の郷土資料班職員が行っている。そのほか，一部の和

装本については翻刻作業も行い，コンテンツとあわせて公開している。これら絵図・和装本といった歴史的な資料は，今日の視点で捉えると人権やプライバシーを侵害する恐れのある表現や記述などが見られることがある。これらのチェックは資料の翻刻作業とあわせて，岡山県立博物館の学芸員等の協力を得て行った。

　2021年3月に策定した「第4次中期サービス目標」では，「全ての県民が共有する知的財産として図書館資料を収集，整理，保存し，後世に継承」するため，郷土資料の収集の促進や長期保存対策を推進することとしている。岡山県立図書館開館後の2006年に策定された「岡山県立図書館の中期サービス目標」においても「郷土情報ネットワークの充実」が重点的取り組みとされているが，具体的数値目標としては，2015年に策定された「第3次中期サービス目標」から「毎年度10点以上」，「第4次中期サービス目標」では「毎年度25点以上」の郷土資料をデジタル化する，という指標により計画的に資料のデジタル化を進めている。デジタル化の対象となる資料は，郷土資料のうち資料の価値・潜在需要が高いもの，1点もの，経年劣化や破損等により状態が悪いもの等，選定基準に従って選ぶ。これらのデジタル化にあたっては，職員の力だけでは困難であることから，作業を補助するメディア工房支援ボランティアを募集し，現在は10人程度のボランティアが活動している。ボランティアは主に，スキャナを用いた作業を担っているが，作業を任せるにあたり，わかりやすいマニュアルを館内で作成しており，人により精度のばらつきがないように工夫している。特に，資料をデジタル化する際には，一点ものの貴重な資料や劣化の激しい資

料に直接触れることとなるため，取り扱いには十分注意して処理することや，ホコリや汚れ，映り込みのないように一枚一枚丁寧に処理するよう注意しながらの作業を依頼している。

図11　スキャン作業の様子

　ボランティア等によるデジタル化のほか，岡山県立図書館では中学生や高校生，大学生の図書館実習を毎年受け入れており，実習の際には，実際に資料のデジタル化を体験し，資料保存の重要性を認識してもらう取り組みも行っている。このことは，図書館が単に資料の貸出のみを行う場ではなく，資料の収集保存も重要な使命の一つであることを学生たちに知ってもらう貴重な機会となっている。

　図書館が制作したコンテンツ以外は，すべて制作者が著作権を有している。さまざまな情報にワンストップでアクセスできることで，利用者からコンテンツ映像・画像・内容の二次利用などの問い合わせがすべて図書館に対して行われる。図書館のコンテンツやデータベース連携先のコンテンツに関しては，それほど手間はかからないが，県民からの登録コン

テンツについては，利用や提供に関して図書館が制作者に連絡をとるなど仲立ちをする必要も生じている。

② 各種連携によるコンテンツの拡充

　岡山県立図書館が所蔵する絵図，和装本等のデジタル化データ公開により，電子図書館として一次情報の充実はある程度確保できた。しかし，岡山県立図書館単独で用意できるそれらのコンテンツは，歴史的・資料的価値は高いかもしれないが，それ以上の量的，分野の広がりは大きく期待できない。そのため，1996年のモデル実験当初から県内の図書館，学校，行政機関や企業といった関係機関との連携，協力は必須のものであると考えられていた。それら連携，協力によって蓄積されたコンテンツは現在も「郷土情報ネットワーク」内のコンテンツとして公開している。以下に，その例をいくつか紹介する。

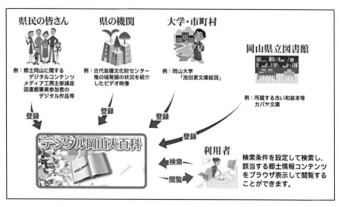

図12　「郷土情報ネットワーク」

■「カバヤ児童文庫」

　岡山市に本社を置くカバヤ食品株式会社が，1952 年から 1954 年にかけて，商品であるキャラメルのおまけとして発行した児童向け文学作品を収めた叢書「カバヤ児童文庫」について，実際に刊行が確認されている 131 点すべてをデジタル化。

■「池田家文庫絵図」

　岡山大学附属図書館が所蔵する，岡山藩主池田家が保有していた絵図類「池田家文庫絵図」について，デジタル化・メタデータの作成を岡山大学が行い，郷土情報ネットワーク上に登録。

■「チャレンジ☆デジタルビデオ」事業

　2005 年度から 2008 年度にかけて，同時期に開館した香川県情報通信交流館「e- とぴあ・かがわ」と連携して，次世代を担う子どもたちを対象に，メディア工房の機器を使ってデジタルビデオ作品とブログを作成する事業。

■「デジタル岡山グランプリ」事業

　2006 年度から 2010 年度にかけて，岡山県立図書館と企業・団体との協働で岡山の映像文化向上や情報発信を目的にした映像コンテストを開催。

図 13　デジタル岡山グランプリ

■「岡山県立図書館子どもナレーター」事業

2008 年度から 2014 年度まで，岡山県内の小・中学生を対象に子どもナレーターを募集して，岡山の昔話（デジタル絵本）を岡山の方言で読んでもらう事業。郷土の民話の絵本と組み合わせて「デジタル絵本」として登録。

③ 県民参加型コンテンツの充実

コンテンツの拡充に向けた取り組みの中で特筆すべき点として，先に述べた関係機関との連携やイベントとしての募集事業からだけではなく，県民参加型の「郷土情報募集事業」を通してコンテンツの充実を図る仕組みを用意していることが挙げられる。

表2　郷土情報ネットワーク登録件数（2019 年度末現在）

岡山共同リポジトリ	36,062 件
岡山県立博物館	12,311 件
岡山県立記録資料館	121,125 件
郷土情報（郷土情報募集事業等によるもの）	15,817 件
生涯学習データ	1 件
郷土雑誌記事索引	33,988 件
目次情報	1,387 件
合計	220,691 件

この事業では，郷土岡山に関する「歴史的な出来事」，「風景や文化的な写真」，「伝統芸能」，「岡山ゆかりの人物紹介」などを一個人からでも募集しており，ビデオ映像，音声，写真（ホームページ）等を幅広く受け付けている。なお，受け付けたコンテンツについては，郷土資料班で内容などのチェ

ックを行っている。

　また，未完成または計画段階の郷土情報の場合は，岡山県立図書館のメディア工房で制作の作業を行ってもらうこともできる。メディア工房は，編集加工室と撮影室からなる，デジタルコンテンツ制作のための有料貸出施設で，室内にはスタッフが常駐しており，最新の機器やソフトウェアの基本的な使い方についてサポートを受けながらコンテンツ制作を行うことができる。「郷土情報募集事業」での使用については無料で利用できる。

図 14　メディア工房

　近年は ICT 環境が劇的に進歩し，「デジタル岡山大百科」へのアクセスが容易になった反面，個人で容易にコンテンツを公開できるようになったことから「郷土情報ネットワーク」への登録が減少傾向にある。しかし，県内の学校に校歌の登録を呼びかけているほか，岡山県図書館協会や岡山県危機管理課と連携して，県民から集めた「平成 30 年 7 月豪雨災害」の写真や動画の記録をアーカイブとして残すための事業を行

った。こうした記録は後世に残していくべき貴重な資料となっている。

　また、一方では記録メディア、再生機器の旧式化が進んでいることから、紙媒体の郷土資料のデジタル化のほかにも、今後、永続的活用が困難と見込まれるカセットテープやVHSなどの郷土資料も媒体変換の必要性がある。これらについても、計画的にデジタル化を行っていく必要があり、今後の課題となっている。

(3)　「岡山県図書館横断検索システム」

図15　「岡山県図書館横断検索システム」

　研究を開始した1996年当時、「パイロット電子図書館プロジェクト」（情報処理振興事業協会（IPA）と国立国会図書館の共同実験による総合目録ネットワークプロジェクト）のように、単一のデータベースサーバで集中管理する集中型しかなかった。「岡山県図書館横断検索システム」は分散した複数館の

データベースサーバを横断的に検索し，その都度書誌同定を行い提示する分散型を目指した。現在でこそ多くの都道府県内横断検索のシステムが稼働しているが，当時，国内に分散型のモデルはなく先駆的な研究であったと言える。

　旧通信・放送機構（TAO）のギガビットネットワーク実験に参加しつつ，1999年11月に実験公開，2001年5月に公式公開，2003年10月にシステム更新という経過をたどりながら，順次接続図書館数を増やしていった。2020年度末時点ではデータベース単位で，公立図書館が26，私立図書館が1，大学図書館が9となっている（自治体では県1，市15，町10。未接続2村のうち，図書館設置村は1，未設置村は1）。

　1999年11月に実験公開した際には，WebOPACとして公開される各図書館データベースと横断検索サーバ間の検索プロトコル（検索に関するデータのやり取りのルール）に独自プロトコルを定めていた。各図書館のWebOPACへの準拠については，「岡山県図書館横断検索システム」による情報提供と，図書館資料の搬送システムを柱としたネットワークの構築を図る「岡山県公立図書館ネットワーク推進協議会」を通じて依頼，運営していた。ところが，館種の異なる大学図書館では国際標準規格であるZ39.50への準拠が進んでいたため独自プロトコルへの対応は困難だったこと，Z39.50準拠のWebOPACが図書館システムに含まれるようになってきたことなどの理由から，2003年10月のシステム更新時よりZ39.50準拠となった。

(4)　「レファレンスデータベース」

　「レファレンスデータベース」は当初の計画にはなかった

が，県内市町村立図書館からの要望を受けて2004年9月にシステムが完成した。県内図書館に寄せられたレファレンスの事例をデータベース化し，公開することで利用者自身による課題解決支援を目指したシステムである。2020年度末現在で，事例登録数は5,755件となっている。

なお，「レファレンスデータベース」運用開始後に，国立国会図書館が全国の図書館等と協同で構築する「レファレンス協同データベース」が事業を開始している。そのため，「レファレンスデータベース」に登録した事例を岡山県立図書館が随時「レファレンス協同データベース」に提供することで，各図書館職員の二度手間とならないようにしている。

7.6 おわりに

「デジタル岡山大百科」に関しては，数年ごとの機器やシステムの更新などに関して毎回保障されているとは限らない。今回，既存のシステムを引き続き使用することになった。今後は職員の人員確保なども含めて継続的に運用していくために，どのような努力が必要なのか模索していく必要がある。そのためにも，「デジタル岡山大百科」でコンテンツを公開して終わりではなく，そこからどのように図書館の利用や資料の活用につなげていくかが問われている。

岡山県民の，ひいては国民の貴重な財産とも言える郷土資料を使って，「岡山県に関することは岡山県立図書館が責任を持ってお答えします」と言えるように，日々取り組んでいきたい。

参考文献

・岡山県立図書館基本構想策定委員会『岡山県立図書館基本構想 (答申)』
　岡山県立図書館基本構想策定委員会，1998．11p.

・岡山県立図書館『県民図書館さんさんサービスプラン　岡山県立図書
　館第 3 次中期サービス目標』岡山県立図書館，2016．16p.

・森山光良「『デジタル岡山大百科』−電子図書館ネットワーク」『情報管
　理』vol.50, no.3，2007.6，p.123-134.

・森山光良「電子図書館システム『デジタル岡山大百科』」『現代の図書館』
　vol.43, no.2，2006.4，p.102-111.

・『岡山県高度情報化モデル実験事業報告書』岡山県高度情報化実験推進
　協議会，1999．348p. [211-219]

・岡山県立図書館『岡山県立図書館第 4 次中期サービス目標』岡山県立
　図書館，2021．20p.

8章 沖縄県立図書館の取り組みと移民のルーツ調査支援

8.1 沖縄県および沖縄県立図書館の概要

(1) 沖縄県の概要

　沖縄県は，九州から台湾に連なる南西諸島の南半分に位置しており，東西約 1,000km，南北約 400km に及ぶ広大な海域に，大小 160 の島々が点在する全国でも有数の島しょ県である。沖縄県を構成する琉球諸島（沖縄諸島，先島諸島，尖閣諸島，大東諸島）の島々には沖縄本島を除く 47 の有人島があり，県庁所在地の那覇市をはじめ 41 の市町村がある [1]。

　また本県は，450 年続いた琉球王国時代を経て，琉球処分，廃藩置県により日本に組み込まれた後，沖縄戦により米軍統治下におかれ，1972 年には日本復帰をする等，激動の歴史をたどった。これらを背景に，民俗，芸能，美術工芸や食等，独自の文化が発展し継承されてきた。加えて，亜熱帯海洋性気候のもと，恵まれた自然景観等の観光資源を有していることから，国内有数の観光リゾート地としても評価されている。国内外からの入域観光客数は 2019（令和元）年に初めて 1000 万人を突破した [2]。

(2) 沖縄県立図書館の概要

　沖縄県立図書館は，琉球王国最後の王であった尚泰の遺志

218

により図書館建設資金として寄付された寄付金を基金とし，一般有志からの寄付金等を加えた資金によって建設され，1910（明治43）年に「沖縄学の父」として知られる伊波普猷（いはふゆう）を初代館長に迎えて開館した。開館後の図書館では，多様な琉球・沖縄関係資料が収集され，沖縄研究の拠点といわれるほど郷土に関する貴重な資料を所蔵していたが，沖縄戦により，図書館施設，図書館資料は焼失した。

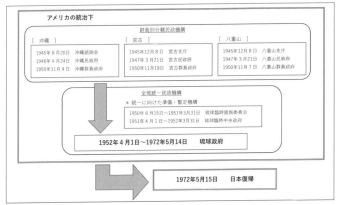

戦後沖縄の民政機構の変遷

　戦後は米軍の統治下にあったため，図書館再建の折衝は米軍を相手になされ，米軍政府の認可により沖縄民政府の構内に中央館が開館した。その後，軍政府の直轄による運営や，琉球政府立図書館等への変遷を経て，1972（昭和47）年の日本復帰と同時に沖縄県立図書館となった。

　これらの戦後の変遷において，ゼロからの出発であった図書資料の収集は大変厳しい状況ではあったが，県外在住県系

人や台湾からの引揚げ者[3]による図書寄贈運動，ハワイ・北米・南米の海外同胞による呼びかけ等，多方面からの支援，取り組みがなされ，図書・雑誌の寄贈や寄付金により図書館資料は徐々に増え，蔵書の整備が図られた[4),5)]。

　そのほか，沖縄の日本復帰前に広島市で開催された昭和45年度全国図書館大会において，「沖縄に本を贈る運動」が提唱されたことも特筆される。大会冒頭において，当時の日本図書館協会常務理事，酒井 悌（さかい やすし）氏のスピーチにより，沖縄図書館界の復興とその再建に対する援助のアピールがなされた。大会の前月に沖縄に来県した酒井氏は，滞在中目にした沖縄における図書館環境の乏しさ，そのような状況においても活発な図書館活動に取り組んでいる図書館職員の姿について語り，そのうえで「日本図書館協会は全日本の図書館，出版界，文化界，その他関係の機関に対しまして，図書の供出，寄贈の運動を展開し，これを沖縄の図書館に贈ることによりまして本土復帰のお祝いのしるしとしたいと考えております」と提唱した[6]。翌年の全国図書館大会で酒井氏は，この提唱に応えて寄贈された図書等について，出版界，国立国会図書館，大学図書館や個人から1万3千冊が沖縄に送付されたことを報告している[7]。

　日本復帰後の沖縄県立図書館は全国との大きな格差を縮めることに尽力し，図書館資料の収集のほか，各種サービスの充実に取り組んできた。施設については，1983（昭和58）年に那覇市寄宮に建設した旧館の狭小化・老朽化等の課題が生じたことから，2018（平成30）年12月，那覇市泉崎に移転，新館をオープンした。現在地は，官公庁や多数の企業等が立地し，空港に直結する「ゆいレール」旭橋駅と那覇バスター

ミナルの結節点であり，利便性が高く，利用者も大幅に増加している。

　新しくなった沖縄県立図書館は，複合施設内の3階から6階に，子どもの読書活動推進エリア，一般閲覧エリア，ビジネスエリア，多文化エリア，郷土資料室等を設け，読書機会の提供や多様な課題解決の支援等に努めるだけでなく，ホールや交流ルーム，ビジネスルーム，展示エリア等の活用による情報発信や県民の交流に注力している。旧館と比較し，約2倍のスペースとなった新館におけるサービスの体制については，カウンター業務において業務委託を導入する一方で，レファレンス業務やイベント開催，資料受入等は図書館職員が担っており，役割分担と双方の情報共有・連携により多様なニーズに応じたサービスの提供，利用者の満足度向上に努めている。また，「空飛ぶ図書館」と称している移動図書館により，離島地域など，図書館未設置町村の教育委員会等と連携し，すべての県民に本に触れる機会を提供できるよう取り組んでいる。

8.2 沖縄県立図書館の郷土資料

　沖縄県立図書館（以下，「当館」）は，前述のとおり 1910（明治43）年に開館し，郷土資料[8]の収集に力を注いできた。当時の尽力については，1924（大正13）年3月に当館が刊行した『琉球史料目録』に次のように記されている。

　「（前略）あらゆる手段方法を尽して之が蒐集に努められたり。（中略）内閣文庫の秘蔵書の如きは之が謄写を他人に委託し薩摩及大島諸島等の書籍は館員自ら旅行して之を蒐集し殆ど完備するに至れり。（中略）爾来十有余年の星霜に捗り鋭意収集せられし各種の郷土研究資料は，今や書架に堆積充満し内外の書籍資料等殆ど網羅し尽すに至り，本館の誇りとして克く其特色を発揮せしものといふべく，之が永久的保存の道を講ずるは亦県民の責務たらずんばあらず（以下略）」[9]

　このような取り組みの一方で，当時内務省に移されていた，沖縄の貴重な歴史資料である琉球王府関係資料等は，1923（大正12）年9月の関東大震災によって焼失している。琉球王国時代の歴史を表す貴重資料の滅失は，当時においても大きな衝撃であったことが推測されるが，現在もその欠落は歴史研究等に大きな影を落としている。

　戦前の当館は，図書館長をつとめた伊波普猷，真境名安興，島袋全発など沖縄研究の先駆者たちの献身的な働きにより，「南島研究の宝庫」として郷土に関する充実した蔵書を誇る図書館であった。当時の蔵書について民芸運動指導者の柳宗悦は，「地方的特色ある図書館としては，慥かに日本随一のものでありました。どんな沖縄学者も，この図書館を訪れる

ことなくして，正しい研究を遂げることは出来ませんでした。
それほど沖縄に関する文献は，完璧に近く，世にも貴重な蒐
集でありました」と「沖縄の思ひ出」[10]の中で述べている。

　しかし，これらの郷土に関する貴重な資料も沖縄戦に伴う
戦災により焼失しており，当時の館長は，空襲の中でも貴重
本の取り出しに必死に努力し，図書館資料を疎開避難したに
もかかわらず，40年の長い歴史と伝統を誇る図書館の所蔵図
書3万冊は灰燼に帰したと記している[11]。図書館資料に限ら
ず，地上戦が行われた沖縄では多くのものが焼き尽くされた。
各地の歴史資料や文化財，新聞，写真等，過去を伝えるあら
ゆる資料，歴史や文化を継承するための拠り所が滅失した。

　戦後の図書館資料の収集については前述のとおりである
が，郷土に関する資料収集においても，県外・海外からの支
援があった。南方同胞援護会の活動を記した資料からは，次
のとおり，その一端を知ることができる。

　「昭和38年度からは図書不足に悩む沖縄の公民館や図書
　館を整備する目的で，国庫補助金により，昭和46年度ま
　で継続され一般教養図書など延べ15万154冊を送付した。
　とくに昭和39年度では，沖縄戦により沖縄現地では完全
　に消滅した沖縄関係の戦前の資料や古文献が，本土でも失
　われつつあるため，沖縄文化協会に委嘱して本土各地でそ
　の収集にあたり，稀覯本など古文献1,025冊を現地に送付
　した。」[12]

　また，当館の郷土資料サービスを支えている蔵書には，東
恩納寛惇文庫，真境名安興文庫，山下久四郎文庫，比嘉春
潮文庫，天野鉄夫文庫，大城立裕文庫，山之口獏文庫の7
つの特殊文庫がある。それぞれ貴重な資料の寄贈を受け収蔵

した資料群であり，琉球王国時代の資料，戦前資料，糖業関係資料，直筆原稿や新聞スクラップ等，当館の特色あるコレクションを形成している。当館の貴重資料デジタル書庫は，主にこれらの特殊文庫により構成されており，そのうちの一つ『琉球国之図』は，2016年8月に国の重要文化財として指定を受けた。

また，国立国会図書館所蔵の戦前の沖縄関係新聞の複製版は，貴重な近代史料としてよく利用されているほか，国立公文書館や県外大学等の所蔵する沖縄関係資料については，複製を作成し蔵書としている。このように国内外の各機関，個人の協力により，失われた沖縄関係資料の復元，再収集が現在も進められている。

多方面からの支援・寄贈により集められた資料を基盤に，現在も当館は継続的に郷土資料の収集に重点的に取り組んでいる。資料収集にあたっては，書誌情報等から沖縄関連キーワードの検索により出版情報を把握することに加え，地元新聞の日々のチェックから自費出版等の情報収集，関係機関等への出版物寄贈に関する呼びかけ，古書サイトの定期的な検索等により，網羅的な資料収集に努め，充実した蔵書の構築に取り組んでいる。

また，当館の資料収集方針の一つとして，郷土資料は一つのタイトルにつき，保存用，閲覧用，貸出用の原則3部を収集することとし，現在，蔵書数約87万冊のうち，約32万冊が郷土資料となっている（2020年4月1日現在）。

施設移転後の新館では，5階スペースを郷土資料室，郷土資料貸出エリア，沖縄関連展示エリアで構成した琉球・沖縄関係資料フロアとし，資料の収集，展示や講演会などのイベ

ント開催等によって，沖縄の歴史・文化の普及・継承に取り
組んでいる。

　特に，移転に伴い新設した移民資料コーナーに関連する業
務については，力を入れて資料収集，ルーツ調査等のサービ
ス提供に取り組んでいるところである。

8.3 県系移民に関するルーツ調査支援

(1)　沖縄県人の移民と「世界のウチナーンチュ大会」

　沖縄県は国内でも有数の移民県であり，1900年からハワイ，
ブラジル，ペルーなどへ多くの移民を送り出している。特に
人口当たりの移民者数は，全国と比べ突出して高く，1940年
までに県民の約10人に1人が移民しているという状況であ
った[13]。また，戦後も1950年代，60年代を中心にブラジル，
アルゼンチン，ボリビアなどへ集団移住が行われ，戦前戦後
を合わせ約9.3万人（南洋諸島，満州を除く）が移民した[14]。

　戦前に移民した一世たちは，少しでも高い収入を得られる
よう居住地や職業を変え，過酷な労働に耐えながら，沖縄へ
相当額の送金を行っていた[15]。移住当初は短期間で錦衣帰郷

を目指したが，十分な資金を蓄積することが難しく，子どもの教育や戦争の影響などにより，定住する道を選ぶ人も増えていった。

　移民した一世およびその子孫たち（以下，「県系人」）は，第二次世界大戦中，敵性国民として苦難を強いられたが，国内唯一の地上戦となり壊滅的な打撃を受けた沖縄に，戦後ただちに衣類をはじめ，食料，学用品，生活用品，医薬品，豚，山羊などの救援物資や寄付金を送った。また，戦後は沖縄から移民の呼び寄せを行うなど，50年ほど前までは，県系人と沖縄県民の間に，さまざまな形で交流があった。

　現在，世界中に41.5万人を超える県系人がいるといわれている[16]。彼らは現地の社会の発展に貢献し，さまざまな分野で活躍する一方，時間の経過とともに，使用言語の違いなどにより，沖縄の親戚との連絡・交流が少なくなり，つながりは薄くなっていった。現在の沖縄県民にとっても，身近な人が移民していた時代を知る人が減少し，海外県系人に対する関心も薄れていることが課題となっている。

　そのため沖縄県は，県系人に母県沖縄の伝統文化やルーツに触れてもらうとともに，沖縄と海外のネットワークの継承と発展などを目指し，1990年から5年に1度，世界中の県系人が沖縄に集う「世界のウチナーンチュ大会」[17]を開催している。2016年10月末に開催された「第6回世界のウチナーンチュ大会」（以下，「大会」）では，県・市町村・各種団体が催した数多くのイベントに，海外から約7,400人が参加し，大会参加者（入場者）は延べ43万人と過去最高を記録した[18]。

(2) 県立図書館の海外県系人に対するルーツ調査支援

当館は，大会の会場にブースを出展し，海外からの参加者向けに「移民一世ルーツ調査」を実施した。大会期間中，初日から最終日の終了時間まで調査依頼は途切れることがなく，当初の予想を大きく上回り，4日間で273件の調査を受け付けた[19]。依頼者を国別に見ると，大会参加者が多いハワイ（米国）が約半分を占める一方，ペルー，ブラジル，アルゼンチンなど世界中でルーツ調査のニーズがあることがわかった。調査は，依頼者から提供される移民一世の氏名，移民国などをもとに，出身地などを調べる。依頼者からの情報は，氏名をアルファベットで表記するため，誤読や同姓同名などが多くあり，調査が難航することもあった。それでも，初めて沖縄との血縁的なつながりを確認できたことに感涙する参加者の姿や，当館のブースを訪れた参加者が出身地を訪れ偶然にも親戚に出会うことができた，という記事が地元新聞などで報じられた[20]。

当館がルーツ調査に使用する資料は，原則的に当館に所蔵する郷土資料である。基礎資料は，移民関係を収録する『沖縄県史』，『沖縄県史料』，各市町村史の移民編などで，これらは，外務省外交史料館が所蔵している海外旅券下付表から本県出身者だけを抽出し，編纂した資料である。海外旅券下付表は，現在のパスポート発券記録のようなもので，移民斡旋会社などが都道府県知事に届出し，外務省へ送られていた。そこには，渡航先をはじめ，移民者の氏名，生年月日，本籍地，戸主などが記載されている。

移民以前の事柄を調べるには，市町村字史（誌）などを利用する。本県では，市町村史は元より，より小規模の集落で

ある字史が多く出版されている。この背景には，字（集落）ごとに起源，形成過程が異なるだけでなく，風俗慣習，伝統行事，拝所なども異なる場合があること，また，近代以前は農作業や冠婚葬祭，祭儀などを集落民が共同で執り行っていたこと，同一字内での婚姻が一般的であったこと，長男が先祖代々の墓や仏壇，位牌を守り，家屋，田畑などの財産を引き継ぐ慣習が強く残っていることなどが挙げられる。それらの資料では，各字の起源や家系，生活様式，伝統文化，昔の地図，移民の排出状況などが記されており，県立図書館の郷土資料の中においても重要な資料群となっている。さらに，昔の地図と現在の住宅地図を比較し，移民以前に住んでいた場所をおよそ推測することができる事例もある。

　このルーツ調査を実施した経緯は，県立図書館が沖縄県の行政施策に主体的にかかわることで，図書館の機能や役割が認知され，存在意義を高めたいという思いからであった。結果として，大会の目的である「沖縄アイデンティティーの継承」に対して，図書館ならではの方法でアプローチすることができた。

　また，今まで郷土資料の利用者の多くが，県民や沖縄研究者，学生などであったが，世界のウチナーンチュまでサービス対象を広げることで，当館の可能性を広めることができた。その結果，2017年の「地方創生レファレンス大賞」において，当サービスが最高賞の文部科学大臣賞を受賞した。

　大会以降も，サービスの継続を期待する声を受け，ホームページを通じて，海外から直接調査を受け付ける体制を整備した。継続的に毎月数件程度の調査依頼がある。

228

(3)　海外でのルーツ調査支援と情報ニーズ

　当館と海外県人会との連携は，2016年10月の大会に当館が出展したルーツ調査ブースに，ハワイ沖縄系図研究会（Okinawan Genealogical Society of Hawaii：OGSH）のメンバーが訪問したことが始まりであった。OGSHは，ハワイ沖縄連合会（51のクラブからなり，合計4万人を超える会員をもつハワイの県系人の団体）の下部組織として，15年以上にわたりハワイで県系人向けにルーツ調査を行っている。大会終了後は，OGSHから当館への調査依頼，ビデオ会議など通して連携を深めていった。

　2017年9月にはハワイ（オアフ島）の「オキナワフェスティバル」において，OGSHと共同で「移民一世ルーツ調査」を行った。「オキナワフェスティバル」は，多民族社会であるハワイにおいて最大の民族系イベントで，例年約5万人が参加する。ワイキキビーチからほど近いカピオラニ公園（2018年よりハワイコンベンションセンターへ変更）を会場とし，沖縄そば，サーターアンダギーなど沖縄の郷土料理を販売する飲食ブースをはじめ，エイサーや沖縄空手の演舞，ウチナーグチ（沖縄諸語），三線のほか，習字，盆栽など日本文化を体験するワークショップ，さらには，盆踊りも行われている。

　同イベント参加のため，当館から3人の職員がハワイに出張し，調査ブースでは，当館職員がそれぞれ個別調査を担当，受付および通訳などをOGSHが担当した。OGSHなどによる事前告知が功を奏し，フェスティバル開催中，常時10人以上がブースの前で調査を待つほどの盛況で，2日間で170件の調査を受け付けた[21]。その場で回答できなかった依頼は沖縄へ持ち帰り，後日電子メールで回答を行った。

依頼者の年齢層は，20代から80代と幅広く，親子で訪問する人もいた。沖縄での開催時と比較すると若年層が多く，四世以降と思われる世代でも自身のルーツに深い関心をもっていることがわかった。この調査で，初めて一世のルーツを知った人や沖縄を訪問する動機になったケースもあった。依頼者からは「移民一世よりさらに遡った先祖について知りたい」，「沖縄にいる親戚を訪問したい」，「先祖のお墓参りがしたい」，「沖縄県出身ではないが調査してもらえないか」という声も聞かれた。

その後，8.4で後述する海外での資料収集にあわせ，2019年にハワイ（オアフ島）のオキナワフェスティバル，マウイ島のオキナワフェスティバル，2020年2月にペルー（リマ市）にて，現地の県人団体などと連携し，ルーツ調査を行っている。

ルーツ調査は故国の人々とともに，あるいはそれ以上に出移民の子孫によって熱心に担われている状況にある [22] という指摘もあり，県系人のみならず，海外日系人のルーツへの関心は高まっているように感じる。マイノリティーである県系人・日系人は，現地の社会に同化する一方，今後より一層自身のルーツについて関心をもつと推測している。アメリカの主要メディアであるABC Newsによると，アメリカではルーツを調べることが，ガーデニングに次ぐ，2番目に人気が

ある趣味であり，ルーツを探るための DNA 検査や家系図作成などに関する市場規模は 2000 億円に達している[23]。

アメリカでは情報公開が進み，過去の国勢調査，乗船名簿，出生・婚姻証明書などから，一世の移民後の足取りを追うことができる。しかし，移民前については，資料不足や言語の違いから調査することが難しく，沖縄にルーツをもつことを知っていても，出身市町村について知らない人も多くいる。沖縄以外の日系人についても同様で，山口県や熊本県など，出身県のみ知っているという人の方が，多いのではないかと思う。

8.4 県系移民資料の収集と移民資料コーナーの設置

当館では，以前から郷土資料として，沖縄で出版される県系人に関する資料を収集していたが，海外で出版された資料の出版状況を把握することは難しく，入手が困難であった。

移民資料の特徴は，移民一世の世代では，大半が日本語で書かれている一方，二世以降の世代では，現地の言語のみ，または日本語併記で書かれている場合が多いことである。また，その多くは一般に流通するものではなく，県人会や市町村人会，県系人が会員などへ配布する目的で作成された出版物である。そのため，現地の図書館や史料館などでも，このような資料を網羅的に収集しているところはない。さらに，県系人が個人で所有している資料は，所有者が日本語で書かれている資料の内容を読み取れず，廃棄や散逸の危機にあるという課題がある。

当館は，ルーツ調査の実施により，海外県系人や県系団体

との接点が生まれたことを活かし，移民母県の資料アーカイブ施設として，海外で資料収集を行うことになった。今まで沖縄県史や市町村史の発刊，大学の研究を目的とした移住地調査が行われてきたが，沖縄県内の一機関が紙資料を収集する取り組みは初めてであった。

　収集対象資料は，大きく3つに分け，1「海外の県系移民及び県系人の活動記録」，2「海外の県系人が主たる構成員だった団体（県人会，市町村字人会，日本人会，職能団体，地域団体，文化芸能団体等）の活動記録」，3「それらを理解するために必要な資料」となっている。資料の種類には，「出版物」[24]として図書（周年誌，記念誌，自叙伝，移民体験記など），逐次刊行物（新聞，雑誌，年報，月報，会報など），パンフレット・チラシ，その他（移住地調査，センサスなど）があり，「非出版物」には，団体の活動記録（議事録，日誌，定款など），個人資料（海外渡航旅券，写真，日記，手紙，ファミリーヒストリーブックなど）がある。また，戦前の移民者が渡航時に沖縄から持参し戦災を免れた資料なども収集対象としている。

　現地では，資料の書誌的事項の調査（タイトル，著者，発行年，サイズ，ページ数，内容，保存状況，所蔵者，寄贈者など），資料撮影（所蔵者等の同意確認，複製・デジタル公開等の可否，撮影方法確認など），原資料の管理保管方法に関する助言，寄贈資料の搬送調整などを行う。主な調査先は，県人会（支部含む），日本人会，史料館，博物館，公文書館，図書館，大学，県人会関係者等個人所有者，邦字新聞社などであり，限られた滞在期間で最大限の調査収集に努めている。そのため，事前調査として文献調査をはじめ，国内海外研究者・県人会関係者などからの情報収集，国内関係機関の調査等を入念に行って

いる。

　2018 年にはブラジル（サンパウロ），2019 年ハワイ（オアフ島・マウイ島），2020 年ペルー（リマ市）で資料収集を行った。また，近年は当館の資料収集に関する周知が進み，県人会等から資料の寄贈が増えている。

　このような取り組みを実施する中，2018 年 12 月の当館の新館移転を契機に，郷土資料室に「移民資料コーナー」を設置した。設置の目的は，県系移民，県系人および県系団体の現地の活動に関する資料，またそれらを理解するために必要な資料を収集・整理し，活用することで，県系人の歴史を継承し，沖縄と海外のネットワークの拡大を図ることとしている。加えて，県民が移民の歴史を学ぶことができるよう，国別の移民の歴史を紹介した常設のパネル展示も行っている。また，海外から収集した資料を活用しルーツ調査の充実を図るとともに，県系人に関する企画展示，講演会等も定期的に開催するなど，さまざまな角度から移民の歴史について，普及・啓発に取り組んでいる。

おわりに

　移民一世ルーツ調査は，開始当初から地元の新聞やテレビなどに取り上げられ，図書館の機能や役割の周知が図られた。長年にわたり収集してきた豊富な郷土資料を活用し，レファレンスサービスを通して，個別の利用者の情報ニーズに応え，課題解決を支援することは，図書館だからできることである。

　資料収集についても，海外県人会等との交流が効果的な資料収集につながり，貴重な移民関係資料の保存と活用が可能となることから，今後の調査研究の発展等も期待される。

　海外から沖縄を訪れる県系人は，一世ゆかりの地を訪問するだけでなく，移民以前の先祖が眠る墓参りや親戚への挨拶を望む人もいる。しかしながら，移民開始から1世紀以上の時が経ち，世代交代とともに，沖縄側の親戚と交流が途絶え，身内が移民したことをよく知らないことも多くなっている現状がある。その際には，市町村教育委員会や公民館と連携し，関係者のプライバシーに配慮しながら，親戚との交流や墓参りなどにつなげる取り組みも検討されている[25]。

　今後の取り組みとしては，当館が継続的な資料収集およびルーツ調査支援等を実施することで，県系人のアイデンティティーの確認と海外県系社会の活性化を支援するとともに，移民の歴史や県系人に対する県民の関心を高めていきたいと考えている。これにより，県民と県系人の歴史を越えた双方向の交流や新しいネットワークの創造を期待している。

注

1) 『おきなわのすがた（県勢概要）　令和2年5月』沖縄県企画部企画調整課，2020

　　有人島には，沖縄本島と架橋等で連結された島を含む。

2) 1）に同じ

3) 台湾引揚記編集委員会編『琉球官兵顛末記　沖縄出身官兵等の台湾引揚げ記録』台湾引揚記刊行期成会，1986，p.289-290

4) 沖縄県立図書館編『沖縄の図書館2000』沖縄県立図書館，2000，p.6-8

　　「4　現代1945－　(1) 米国軍統治時代」には，台湾同郷会連合会，福岡在の沖縄県事務所や沖縄新民報社の取り組み，その他「沖縄へ本を贈る運動」等について記されている。

5) 山田勉「衣食の飢えと心の飢えと」『沖縄の図書館』編集委員会編『沖縄の図書館　戦後55年の軌跡』所収，教育史料出版社，2000，p.32-38

6) 酒井悌「"沖縄に本を贈る運動"提唱」『沖縄図書館協会・会報』第2巻第2号，沖縄図書館協会，1971，p.1-2

7) 酒井悌「"沖縄に本を贈る運動"事後処理報告」『沖縄図書館協会誌』第2巻第3号，沖縄図書館協会，1972，p.2-3

8) 当館では，地域資料である琉球・沖縄関係資料を「郷土資料」と呼称していることから，以下「郷土資料」とする。

9) 『琉球史料目録［大正13年2月現在］』沖縄県立沖縄図書館，1924

10) 柳宗悦『沖縄の人文』春秋社，1972，p.246-247

11) 城間朝教「沖縄図書館の最後と復興」『沖縄図書館協会・会報』第2巻第2号，沖縄図書館協会，1971，p.19-22

12) 沖縄協会編『南方同胞援護会17年のあゆみ』沖縄協会，1973，p.98

13) 沖縄県教育委員会『沖縄県史　第7巻（各論編6 移民)』1974，p.12-13

14) 沖縄県文化観光スポーツ部交流推進課『沖縄県の国際交流　資料編』2017，p.140-141

15) 1929年における海外在留者送金額が県歳入額に占める割合は66.4%である（出典：注13），p.12-13)。

16) 沖縄県による2016年度推計（出典：注14），p.150)。

17) ウチナーンチュは沖縄語で沖縄人を意味し，「世界のウチナーンチュ」は，海外在住する沖縄人・県系人という意味である。

18) 第6回世界のウチナーンチュ大会実行委員会『第6回世界のウチナーンチュ大会報告書』2017

19) 原裕昭「第6回世界のウチナーンチュ大会における県立図書館の『移民一世調査・相談サービス』」『沖縄県図書館協会誌』第20号，2016，p.63-64

20) 『琉球新報』2016年10月29日，28面など

21) 原裕昭「沖縄県立図書館のハワイでの沖縄系移民1世ルーツ調査支援」『カレントアウェアネス -E』国立国会図書館，No.339，2017.12.21

22) 喜多祐子，山口覚「現代スコットランドの先祖調査ブーム」『人文地理』60（1），2008

23) Farnham, Alan. Who's Your Daddy? Genealogy Becomes $1.6B Hobby. 24 October 2012. ABC News.

24) 『広辞苑』（第7版，岩波書店）によると，「出版物」は販売・頒布の目的で印刷された書物・図画であり，「非出版物」はそれ以外の資料という意味で使用している。

25) 沖縄県では，国内外に広がるウチナーネットワークを次世代へ安定的に継承するプラットフォームとして「ウチナーネットワークコンシェルジュ」を設立した。

事項索引

■執筆者紹介

〔　〕は日本図書館協会認定司書番号

0章　蛭田廣一（ひるた　ひろかず）　小平市中央図書館〔2024〕
1章　今西輝代教（いまにし　きよのり）　置戸町立図書館
2章　海老澤昌子（えびさわ　まさこ）　調布市立中央図書館
　　　武藤加奈子（むとう　かなこ）　調布市立中央図書館
　　　越路ひろの（こしじ　ひろの）　調布市立中央図書館
3章　松永悦子（まつなが　えつこ）　桑名市長島図書館
4章　嶋田学（しまだ　まなぶ）　京都橘大学教授
5章　藤山由香利（ふじやま　ゆかり）　都城市立図書館〔1143〕
6章　成田亮子（なりた　りょうこ）　秋田県立図書館
7章　神田尚美（かんだ　なおみ）　岡山県立図書館
　　　隈元恒（くまもと　こう）　岡山県立図書館
　　　佐藤賢二（さとう　けんじ）　岡山県立図書館
8章　大森文子（おおもり　あやこ）　沖縄県立図書館
　　　原裕昭（はら　ひろあき）　沖縄県立図書館

◆JLA 図書館実践シリーズ　45
地域資料サービスの展開

2021 年 12 月 15 日　　　初版第 1 刷発行 ©

定価：本体 1900 円（税別）

編　者：蛭田廣一
発行者：公益社団法人　日本図書館協会
　　　　〒104-0033　東京都中央区新川1-11-14
　　　　Tel 03-3523-0811㈹　Fax 03-3523-0841
デザイン：笠井亞子
印刷所：イートレイ㈱
Printed in Japan
JLA202118　　ISBN978-4-8204-2110-8
本文の用紙は中性紙を使用しています。

JLA 図書館実践シリーズ　刊行にあたって

　日本図書館協会出版委員会が「図書館員選書」を企画して 20 年あまりが経過した。図書館学研究の入門と図書館現場での実践の手引きとして，図書館関係者の座右の書を目指して刊行されてきた。

　しかし，新世紀を迎え数年を経た現在，本格的な情報化社会の到来をはじめとして，大きく社会が変化するとともに，図書館に求められるサービスも新たな展開を必要としている。市民の求める新たな要求に対応していくために，従来の枠に納まらない新たな理論構築と，先進的な図書館の実践成果を踏まえた，利用者と図書館員のための出版物が待たれている。

　そこで，新シリーズとして，「JLA 図書館実践シリーズ」をスタートさせることとなった。図書館の発展と変化する時代に即応しつつ，図書館をより一層市民のものとしていくためのシリーズ企画であり，図書館にかかわり意欲的に研究，実践を積み重ねている人々の力が出版事業に生かされることを望みたい。

　また，新世紀の図書館学への導入の書として，一般利用者の図書館利用に資する書として，図書館員の仕事の創意や疑問に答えうる書として，図書館にかかわる内外の人々に支持されていくことを切望するものである。

2004 年 7 月 20 日

日本図書館協会出版委員会

委員長　松島　茂

Japan Library Association